"A warm and wise book. It will do much to strip away the superfluous terror and helplessness we feel in the presence of death."

—Sam Keen
Author of *Voices and Visions*

"An immensely rich book, full of wisdom."

—*Psychology Today*

"Every physician should read this book."

—Lee Sanella, M.D.

"Keleman's treatment of death and his affirmation of life inspires praise. Share this book with someone you love."

—Cultural Information Service

"An important book to be read by every philosopher."

—Peter Koesterbaum
Professor of Philosophy, California State College at San Jose

"In this simple and profound book Stanley Keleman has achieved the unimaginable: he has given us back dying as an integral part of our personal experiencing *and* he has made it an exciting and meaningful challenge."

—Maurice Friedman
Professor of Religious Studies, Philosophy,
and Comparative Literature, San Diego State University

". . . a great book—beautiful and potent."

—J. Samuel Bois, Ph.D.
Lecturer, University of California at Los Angeles

"*Living Your Dying* will be required reading for all my patients."

—Thomas A. Munson, M.D.

"*Living Your Dying* will enable us to understand what dying means and how it can give life a dimension previously unknown to us. More pertinently, it instructs us how we can die our own death rather than one programmed for us."

—Herman Feifel, Ph.D., Chief Psychologist
Outpatient Clinic, Veterans Administration

Living is movement, another word for it is process.
Living your dying is the story of the movement
of your life.

LIVING
YOUR
DYING

BY
STANLEY KELEMAN

CENTER PRESS

Berkeley, California

Originally co-published by Random House, Inc.
and The Bookworks,
November 1974.

Published by

Center Press
2045 Francisco Street
Berkeley, California 94709

ISBN: 0-934320-09-8

for Gail, who gave me Leah,
a turning point in my life.

and to my friend and editor
Don Gerrard
without whose loving help and knowledge
there would be no book.

BOOKS BY STANLEY KELEMAN

Patterns of Distress (1989)

Bonding (1987)

Embodying Experience (1987)

Emotional Anatomy (1985)

In Defense of Heterosexuality (1982)

Somatic Reality (1979)

Your Body Speaks Its Mind (1975)

Human Ground: Sexuality, Self and Survival (1971)

Todtmoos: A Book of Poems (1971)

Table of Contents

There is an old story that Plato, on his death-bed, was asked by a friend if he would summarize his great life's work, the Dialogues, *in one statement. Plato, coming out of a reverie, looked at his friend and said "Practice dying."*

Entering

This is a book about the experience of dying. But it's not written for the dying person. Instead it is intended for all of us who one day will die. It offers the opportunity to be more connected to your body and to experience how your body dies. It is about making the dying experience explicit.

What I am trying to say is that dying need not be fearful or painful, either socially or psychologically. Also that there may be no relationship between our *images* of dying and the *experience* of dying, between the *observation* of someone's death and the *feeling* of dying. The implication of these discoveries is that in this culture dying is an unknown phenomenon.

We live in a time that denies death, that distorts the dying experience by retaining traditional myths. What we need is a fresh start, a new myth, a new vision of maturity and longevity. We are not victims of dying; death does not victimize us. But we *are* victims of shallow, distorted attitudes toward dying, which we conceive as tragic.

A way to view dying can be based upon an understanding of the biological process — that our bodily life and our psychological life are the same. In twenty years' experience practicing therapy, working with people, sharing their lives, sharing where they have restrained themselves, how they have stopped their flow, witnessing how they try to free themselves, I have learned that the body pulsates like an ocean, that the life of the body is lived separate from social roles, and that inhibited grief restrains this pulsation and flow. I know that there is *a life of the body that is lived beside the social life and the personal life.* I believe that a new mythology for dying lies in this life.

Most people live their dying as they have lived their lives. People who rarely express themselves emotionally, or whose lives are lived as misery and defeat, tend to die that way. People whose lives are rich in self-expression tend to die self-expressively. But we do not have to die as we lived, as martyrs, cowards or heroes. We don't have to hide our deeper selves or our knowledge of who we wish we were.

Nature trains us to die by example and by experience. We witness dying on television, we read about it in the newspapers, we may see it in the streets. Everyone reacts differently to these experiences but our images of dying are formed here. It is reported that Goethe refused to hear of the death of his friends, and hid himself at the passing of funeral processions. He forbade the word death to be spoken in his presence and tried to cut death completely out from his existence.

When I talk about dying, it's on two levels. There's *big dying* and there's *little dying*. We are always losing and finding things, always breaking with the old and establishing the new. That's little dying. My experience, my myth, is that big dying is similar to little dying, at least in terms of process and of feeling. Our little dyings are meant to teach us what our big dying may be like.

Experiencing, the first section of the book, is about learning how to talk about what is evoked in us around little dyings. **Mythologizing,** the second section, is about replacing our social images of dying with our experience, thereby creating a new vision for our lives.

We are all more familiar with dying than we

suspect. Our bodies know about dying and at some point in our lives are irrefutably, absolutely and totally committed to it, with all the lived experience of the genetic code. The body knows how to die. We are born knowing about dying. It has been said that man suffered a shock when he discovered that dying, rather than being due entirely to accident or evil intentions, was a routine life event. One died. That shock is no less severe to us today. There are two major events in life. Birth is one. Dying is the other.

Many times when I ask people to tell me their fears of dying they say they have none. I ask whether they are worried about dying and they tell me no. When a person inhibits their feelings in this way it's called denial, or the ostrich syndrome. Persons who are connected to their denial of dying are just as much on the path of self-discovery as those who can directly experience their fears. Experiencing is the key to self-connection, self-formation and self-expression.

Dying and death are not synonymous; they are distinct and separate events. About death almost nothing can be known this side of parapsychology and faith. About dying a great deal can, since a pattern for dying is lived by *each person* in *their* lifetime. Living your dying is the body's living and dying. It is the shaping of the flesh.

Experiencing

Dying is about learning how to give up what we have embodied. Being alive is being incarnate, in the flesh. Dying is giving up form, is being embodied and being disembodied, being bounded and unbounded. We live in these two worlds. This section formulates a language to better understand our experience.

Styles of Dying

It's a pulsating world. Wherever I look, whatever I experience, under the microscope, through the telescope, with my bodily expressions, I see the phenomenon of *excitation*. Everything in motion is excited. There's a pattern of resonation, of harmonies. The living goes up and down, in and out.

Excitation, this fundamental characteristic of living, is a process that has two phases: *expansion* and *contraction*. As expansion, excitation is reaching out, expressive. Continued expansion is self-extending, leading beyond physical boundaries to the world of social interaction. As contraction, excitation gathers the self, becoming self-collecting and impressive, creating a more personal self.

I call these two characteristics *self-extending* and *self-collecting* They are fundamental to human life. Expanding from the biochemical environment to cellular activity, the life force organizes itself in systems and eventually in complex organisms. Enlarging and focusing on individuality, this excitement, expanding and contracting, becomes pulsation, seems to be characteristic of all life, is the alpha and omega of feeling and action. This activity, this organization of excitation, creates new life in the human child. Excitation increases after birth; it becomes self-expression when it establishes physical, psychological and social boundaries at the borders of the child's interaction with the world. As the child grows, these boundaries expand; excitation transcends self-expression, pushing past one's normal biological boundaries, connecting deeply within the world of social interaction. At this point, self-expression has become social expression, and new boundaries are formed. In this way, biological life and sociological life merge. Dying can occur anywhere in the continuum of this expansion as a natural stage in the development of excitation. Such dying is *eruptive*, or dispersive, the contained organism exploding, breaking out of its boundaries into the world. Strokes and heart attacks are common examples of eruptive dying. The event is usually sudden, and is one style of dying, one way the organism terminates itself.

The other way is its opposite. At some point

in the development of self-expression, excitation becomes self-inhibiting. The body is
capable of prohibiting a continued expansion of
itself. Think of the heart that fills with blood and
contracts, the stomach that fills with food and
contracts. The body gathers itself, collects itself,
withdraws from the social world. Here dying
occurs as a series of debilitating or self-
retreating events or as shock, a deep withdrawal,
moving toward complete inhibition. Such a
dying is most likely characterized by a series of
illnesses, often lengthy, each requiring a surrendering of parts of oneself. This style of dying I
call *congealing*.

In the congealing style, just as in the eruptive, there is still learning and experiencing,
revealing new perceptions and insights. The older, maturing persons need not conceive of
themselves as going downhill, but should see
themselves as being in a socially uncharted mode
of life.

There seem to be these two cycles in the
formative process — eruptive and congealing,
or expansive and solidifying. A person in the expansive phase disperses his experience into the
world. A person in the solidifying one gathers
his experience to himself. The thrust of

excitement, called life, expands and contracts, it pulses, eventually bursting its boundaries or shrinking into diminished boundaries. Dying in either style, either cycle, is not an interruption of life, but a continuation of it.

The lives of two famous men, Lyndon Johnson and Harry Truman, clearly show the self-extending and self-collecting characteristics that distinguished them. Lyndon Johnson lived and moved in a constantly expanding world of personal power — his political career accurately embodies my metaphor for the self-extending person. His influence seemed to be always growing. He began his career as a Texas schoolteacher and ended it as President, with world-wide influence. His death, from a heart attack, typifies dying in the eruptive style.

Harry Truman, a quiet man, moved from social beginnings as a Missouri store clerk, through a series of unusual political events to his position as President. But then his life changed, pulling in, pulling back, back to Missouri, shrinking social roles, no longer President, no longer politician, no longer money-maker, collecting himself, slowly diminishing his personal roles — lover, father, husband. His excitation, his life, was moving toward a simple organismic level, in which he continued to live but with diminished social or psychological impact upon the environment. Dying was a prolonged shrinking process. Truman's life is an example of dying in the congealing cycle.

Each of these styles has many variations. Each is a natural continuity of a general style of life expression. Self-extension reaches toward dying; self-collection withdraws toward it. Both styles are a direct expression of two sides of the pulsatory pattern of excitation, fundamental to the organism, fundamental to all life processes.

There are general patterns of biological activity observable in most everyone's life which reflect elements indicative of being in one dying cycle or another. For example, some people seem to have trouble getting to bed and others have trouble getting out of it. Some people have trouble falling asleep at night. Others have trouble waking up in the morning. The first group I call self-extenders, always moving out into the social world. They seem to gain experience best from interacting with other people. The second group, the self-collectors, seem always to have more contact with themselves than with the world. They seem to prefer privacy. They want to experience themselves deeply and usually alone. These people are not as likely to be foreigners to changed experiences as the self-extenders. They may see affirmation in this book while self-extenders see new territory.

The myths of all societies try to ensure that we do not die meaningless deaths. They try to give an avenue of approach to the dying process so that we are not swept away in despair at meaninglessness. For those who find it meaningful, they offer a social way of dying. And for those who cannot or do not have an inkling of the possibility of their own way of dying, a way. In this manner myth tries to provide for each individual to participate in his termination.

Death and dying for us are hidden behind out of date attitudes that romanticize the process. They are a subtle form of denial. Some of these mythologies and their styles of dying are:

The hero's death. Enveloped in images of violence, the person dies bravely, nobly. Death is an enemy to fight. At the last it's better to take your own life than be victimized by death. A flamboyant death.

The wise man's death. This is the death of resignation. There is nothing anyone can do about death, it is inevitable, so accept it. Death is a sleep, a blessing, a return to nature, or the end of one's earthly task. A submissive death.

The fool's death. I am not really dying. Death is a kind of cosmic joke; I shall come back. There is no death anyway, just rebirth. This is the senseless, aimless death.

The martyr's death. To give your life is noble; sacrifice for love or for a social cause, or to express life's stupidity. I will permit myself to be killed. My death will be important to society. The victimized death.

The morbid death. Death is a grim reaper; his approach is terrifying, fearful, painfully unholy. Death is an executioner, man is the victim, avoidance and denial the only remedies. A bizarre dying.

Each of us lives our variations on these mythologies of dying which are expressed at turning points in our lives overtly or implicitly.

There is currently a lack of mythology for the death of the body. There is no place for its life either. In present mythology, the body is treated as a tool, a slave, an instrument, an endentured servant, a suit of clothes, a something to be overcome. The body is forced to live the life the mind wants to live, and to die for the mind's ideals. It is no wonder that there is fear and terror at facing one's last days. The mind is terror-stricken, not only because it fears facing the void of extinction, but also because its source is about to abandon it. The body that has fed, housed and transported the mind prepares to depart, and the mind wants to survive the body's dying.

We are living witnesses, through our lives and the lives of family and friends, of how the mind faces or avoids dying. We witness as bodies the living out of our mythologies. And what is our witness; what do we experience? Unintegrated lives, unlived lives, partially fulfilled lives, unlived bodies, stressed bodies, worn-out bodies, premature aging, guilt, anger, fear and denial.

Our negative social attitudes toward the body and toward its right to a wholesome life deny us the right to die in our own way. In living the life of the society we don't realize we also die its death.

I remember when my grandfather suffered a massive stroke at home the doctor ordered him to the hospital, where he died soon after. My grandmother was full of anger and guilt for not having let him die at home, surrounded by the family, feeling comfortable, guided and guarded in his last hours, instead of dying in the land of strangers. He did not die his Jewish death. When she died, my grandmother did not die in the hospital, but at the home of my aunt. She had learned how she wanted to die.

The basic metaphors in my work are taken from the language and images of the body. Experiencing yourself as bodily, you experience body and mind as one — a living person, a somebody. The body metaphor allows the development of a new attitude toward living and toward dying. I have developed this metaphor more fully in *My Body Is Alive and More.**

We live our lives, our dying, consciously and unconsciously, voluntarily and involuntarily. We participate in our life or deny it. And we can, to some extent, reconstruct our life in our awareness, experience it anew and make changes in it. That, too, is what this book is about. Read what Rilke the poet had to say about dying in 1910.

"The desire for a death of one's own is growing more and more rare. In a little while it will be as rare as a life of one's own. Heavens! it is all there. We come and find a life ready for us; we have only to put it on. We go when we wish or when we are compelled to. Above all, no effort. Voilà votre mort, monsieur. We die as best we can; we die the death that belongs to the disease

*Simon & Schuster, 1975.

from which we suffer . . . In sanatoria, where people die so willingly and with so much gratitude to doctors and nurses, they die from one of the deaths assigned to the institution; that is regarded very favorably."*

---

*The Notebook of Malte Laurids Brigge, Rainer Maria Rilke, trans. John Linton, The Hogarth Press, London 1959.

Turning Points

Important events occur in everyone's life that are the focus of new directions. These turning points signal that one way of living is over and a new way is emerging; they are rites of passage in the life. They are turning points. Think of the first day at school; the beginning of adolescence; the first job; the first sexual encounter; the funeral of a parent; the birth of a child; the onset of menstruation.

Turning points are emotional journeys. They are life's upswellings. They are the intersections and intensifications of new encounters, new images, new impulses, catalyzing, brewing riches, charging the atmosphere. They are the roots of new directions and self-formation. They are the shapers of our bodies.

A screaming "I don't want to die like this!" awoke me from my sleep. It was my father. His pain was excrutiating, for him, for me, for my family. My father's sicknesses were always accompanied by his fear — that he might die in pain. I, we, would be, were helpless, would be left helpless. Fear, resentment, helplessness, guilt, sadness, confusion. Die like what? In pain? Before his time? Unlived.

I had wondered about old people dying, or about murders, but this was my first serious encounter with dying. And it was repeated in many ways in the next few years.

This experience was a major event, a turning point, a step in my life that galvanized me out of my childhood into the beginning of my manhood. I had just become bigger, older, wiser. The fragility of me, of those around me, and of our finiteness was born. I knew something. I thought differently. I felt differently. I had to realign myself to the world I knew, for it was no more. I became serious. A bit of melancholy stepped into my life.

Years later, my father had a heart attack. I was there at his side. He asked me to hold his hand. This was another turning point for me. I grasped instantly his silent, pleading "I don't want to die like this!" I understood my father had not lived his life, that he was sick and dying as an expression of his unlived possibilities, of his helplessness, and as a statement of trying to change his life.

Discovering our dying is a turning point. Dying is like the first day at school. Dying evokes helplessness, the unexpected, challenging the known. Dying establishes new directions, gaining new powers, losing the old. Giving up action patterns, thought patterns, being unsure, being excited, knowing something is emerging but not knowing where it's going. Dying, like any turning point, is a place of transition, a facing of the unknown and the emerging complexity of new ways of being. New actions, thoughts, feelings. Each turning point is the resolution of loss and an encounter with the unknown. The unknown consists of that which we do not recognize or find unpredictable and of our feeling helpless in the face of it.

With each new turning point we tend to repeat and expand on the manner in which we handled previous ones. What is learned in the first day at school, for example, lays a base for social patterns which is repeated and strengthened by our succeeding turning points. In this way patterns of action or non-action, of thought and fantasy, of feelings expressed or withheld become repeated, regularized and fixed. In this way each person becomes who he knows himself to be. Each person becomes comfortable with his response to change or to crisis — with his fears, unevoked feelings, body movements, tensions, little withdrawals.

These patterns do not develop at random. They are built on each individual's interpretation of and responses to prevailing social myths. The two most dominant myths in our culture are modeled around sexual roles. Most males develop patterns around the heroic myth — images of strength, of conflict, of struggling against something threatening or evil. St. George slays the dragon. The male is tough, aggressive, never shows his feelings, carries on the family lineage and is willing to die (bravely, without complaint) for his cause. The female is expected to develop patterns around the martyr myth — images of service and sacrifice, giving her life to help her mate and children achieve their goals, always supporting others, easily expressing feelings of love and feelings of loss, permitting her will to be killed for this cause, waiting always to be rescued by a male, always being the victor's prize.

Such patterns are learned first in the pre-school years. Little boys play soldiers; little girls play with dolls. As one grows older, variations develop. The successful or wealthy person lives the wise man's myth. Life is as it should be. Death is a sleep. A resignation. Accept it. The unsuccessful or frustrated person lives the fool's myth or the morbid, defeated myth. Life is an evil joke, a trap. Reject it, defy it. Dying is meaningless; death is the ultimate insult.

Each person lives his turning points. Each person handles them uniquely. Upon popular social myths, personal myths and personal fantasies are laid. Myth provides a structure for each person's life at these subtle levels, unobstrusively, a structure for the expression of human energy through actions, thought, feelings, sensations and body attitudes. And turning points evoke expressions of anger, pain, excitement, loss, sacrifice, grief and others. Becoming aware of how you handle turning points is experiencing yourself, is discovering how you live with little dying. Living your dying is learning about the transformation arising from your turning points.

This diagram is the formative loop that I draw to represent the excitation around turning points. It represents how boundaries are surrendered and how boundaries are formed.

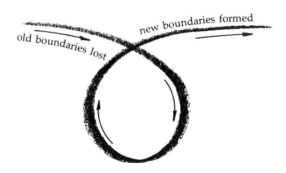

The descending side of the loop is where loss occurs, where new space is created and where the emotional reactions to loss and to space are experienced. The ascending side is where new excitement is sensed, where new possibilites are organized, where new boundaries are formed. In the descending side old thoughts, ideas, feelings, action patterns and connectedness are given up. In the ascending side new thoughts, intuitions and feelings are transformed into action patterns and new connections are made. This cycle is the energetic process from which the styles of dying and feelings are formed in action patterns as new connections are made.

Life can be described as a migration through many formative loops, many little dyings. Growth, change and maturing occur by deforming the old and forming the new. In these little dyings we can learn how to live our big dying.

Turning points are the cauldron of our lives, the steps of our birthings, our self-formings. There are no turning points that are not accompanied by feelings of dying; no self-forming occurs without endings and loss.

Excitement: To Be Roused, To Be Wakened

Excitement is the glue that binds us to the world. When loss occurs, excitement is unbounded. This loss of connection produces disorientation and fear, but it also provides the energy necessary to the forming of new relationships. Dying generates excitement, unformedness, unconnectedness, unknowingness.

There is a curiosity about dying — part is wanting to know; part is dread — being afraid to know. We can't admit we want to know; we're not supposed to admit it. We live in a state of ambivalence, a mixture of pleasure and fear. There is the fear of the unknown and there is the fear of knowing.

Excitement is the force that connects sex and dying — this is sensed by all of us. Every act of sex is like an act of dying — its converse should also, could also, be true. How excitement is handled, how excitement expresses itself, sur-

ging and ebbing, is the mystery of life. Sex we say
is pleasurable; dying we say is fearful. But both
are life expressions — expansive, reaching out,
transcending boundaries, going beyond ourselves, changing ourselves, entering the unknown, being unknown. Or shrinking, pulling
away from, making separations, going to the
depths of our personal cosmos.

Excessive preoccupation with violence has
a close relationship to sexuality. Pictures of killing are male orgastic images in which the body is
broken into, opened to the world, in which something comes out, something appears, something
changes, the gun points at you and the big ex-
plosion occurs. Notice that we don't have female
sexual images of dying. To me all violent images
are orgastic; they're the excitement that erupts
into the world. The are full of all the symbols of
sex, of course; but besides those, and more
importantly, they are full of the excitement that
knows unity, the longing to merge that is basic to
life.

People who believe that dying is only
morbid, pitiful, sad or tragic see only the public
images. There are those people who face dying
in high risk professions, who risk dying even
though it is frightening, who love to live in this
constantly intensified state. The mystery of

dying is not full of fear for everyone. Not everyone rages against the darkness, or meekly submits to it.

Sexual activity has two sides to it, flavors of attaction and flavors of repulsion, flavors of hard and of soft, love and aggression, personal and impersonal. There is this same hide and seek with dying. Does not denial heighten feeling and curiosity? Is there a person alive who isn't deeply curious about what dying will be for them? Is there a person alive who would not like their dying full of excitement?

Wilhelm Reich pointed out that the culmination of sexual excitement peaking in orgasm is a way of getting out of ourselves into the universe. Orgasm takes us from the world of the known into the world of the unknown, experiencing our unboundedness for a brief time, giving us a hint of what our dying may be. When we have orgastic experiences, we are saying "I let go, I give, I risk, I die, I melt, I become one, I go to the cosmos, I surrender for a few minutes to the unknown." People can be afraid to say "I love you" and "I wish I could die" in the same breath. Or, "I feel this love as a melting into the universe, like dying," or "I'm surrendering all my life outward now." People have learned not to say that, not to feel that.

A woman said to me that her greatest wish, when she is having an orgasm and feels herself beginning to melt away, is that she could just keep going. She told me she wants to melt into the cosmos and not come back. There are many ways to be in the world. There are many ways to leave it.

Emotion: To Migrate, To Move Out

We are always living with feelings of loss, feelings of helplessness, feelings of pain, feelings of anger and feelings of fear that emerge around turning points. Whenever we are unbounded, whenever excitement is free, feelings surge. Some of them plague us, terrorize us in the night.

The unexpected froze me when I was told my friend was dead. Dead. On that nice day! The shock of disbelief choked off my crying, but I felt I should cry. I should show sadness, hurt, but my disbelief, anger, erupted first. I shouted "What do you mean? What happened?" I blamed myself, others, I blamed her. The next day I compulsively, relentlessly had to find out what happened, every detail of her dying. Senselessness, utter senselessness was my pain. Why should this have happened at age thirty-seven? The blaming anger muted my sadness, trying to fill the hole I felt in my life.

At the funeral, when the others left, I wept deeper than I have ever wept in my life. I wept out the unsaid and the unlived. And the wrench of separation became real. The sadness filled me and diminished the feeling of being cheated, of being alone, of having the dying take place unexpectedly, without me. All I had was an imagined ending. From alive and vital to nothing. Now a hole. I went home with my memories, my feelings, a different dialogue.

This turning point altered my life and my feelings, deepening my knowledge about the price of holding back, of softening one's commitment. From the torrent of my feelings and confusion around her death arose the beginning of excitement that allowed me new relationships I took into my present life what I had shared with her in my past, and more.

I found that mourning could be expressed in crying, in singing, in moaning, in catharsis, or in withdrawal, retreat, isolation, contemplation, prayer. Sometimes my feelings occurred eruptively, sometimes congealingly. I cried out in pain, or stiffened up. Pain carried me outside myself or shrunk me into a ball.

Letting go is the willingness to experience unconditionally but that may be possible only when someone dies. Letting go means violating the rule never to give in to the body. Letting go mobilizes feelings of helplessness. We are "at a loss" to know what to do. The pain of loss intensifies this helplessness.

Paradoxically, not all loss mobilizes these feelings. Some losses we identify as good riddance, and we thank our lucky stars for them. Look how some people blossom when their spouses die.

In all my years of doing therapy the fear of being lonely emerges as one of the most consistent fears people have. This fear is strong enough that it prevents people from ending negative relationships. To many people a negative or destructive relationship is preferable to being lonely. There are people who will make all kinds of sacrifices in order not to risk the feeling of their emptiness. Other people express this fear as a feeling of being overwhelmed with sensations.

Fear and anger are the basic defense reactions in life. Fear is a self-collecting response, anger a self-extending one. Fear and anger — retreat and attack. One uses either of these reactions to try to hold their boundaries together and to prevent change or loss.

My world is fragmented suddenly by someone's dying. I may feel angry that they are leaving me, or afraid that I'll be left alone. My response is an attempt to fill in the empty spaces or to act as a bridge to a new space. When Alan Watts died suddenly toward the end of 1973, my first reaction was anger. "My God, why did you go and do such a thing at this time!" Watts had let me down by not living up to my expectations of him. I needed him, but he was gone.

Anger and fear, expansion and contraction, are perfectly natural responses even though they don't always fit the expected social image of sadness or grief at someone's dying. But more important, they are responses necessary to the person, responses that act to preserve the person's integrity, their wholeness, and to avoid or correct the broken boundary.

Just as I may both love and hate someone, so part of me may want someone to die and part of me does not. Part of me is understanding and part resentful as all hell. Part of me grieves when someone else dies and part of me might realize that their dying has given me a gift. That somehow that person's dying makes me freer or emptier or challenges me with new possibilities.

Anger is a powerful emotion for resolving one's ending. A woman I knew was dying of cancer. She told me about seeing her deceased husband asking for help in a dream. She refused him angrily. Her daughter was surprised at her unrelenting anger and at her denial of the husband. The woman's answer was that in this way she could, for the first time, express her resentment about her lifelong martyrdom. She died her protest; she did not relent.

Helplessness is the basic pain of life. A wound that triggers what we recognize as pain — which is a disturbance in the body's integrity — sends a message "do something". The stronger the disturbance, the stronger the message. When we cannot do for ourselves, when we cannot respond to relieve the pain, that state pushes all the survivial buttons. Even a child is not so helpless. To the degree that we find ourselves unable to respond to ourselves, pain escalates and overwhelms or threatens to overwhelm us. The most real pain is our help-lessness.

Nina Bull* told me an interesting story about her discovery of the relationship between awareness and pain. On going to the dentist, she realized that she tried to prevent pain by tight-ening up. All she really did was localize the pain in her mouth and deaden herself all over. In fact, pain thus localized became more acute. And the price she paid for localizing the pain was that she

*Author of: *The Attitude Theory of Emotion; The Body and Its Mind*

had to diminish or disassociate the rest of herself. I think we all make this mistake in trying to deal with our pain.

Nina's story taught me that tightening up, contracting, localizing what's happening to us can be self-defeating. Her story made me think of Sigmund Freud's very penetrating observation that in our psychological life every denial is an affirmation.

Sacrifices

Sacrifices are silent bodily expressions of turning points. They are bargains or pacts by which we seem to try to gain the right to live, or to make our lives too valuable to take away. They are bargains struck between several different parts of ourselves, or with others, that call for the curtailing or surrendering of some of the self. Sacrifices are the deals we make in crisis situations, forcing a commitment to our own self-inhibition. But there's more than survival implied in a sacrifice. In effect we are forming ourselves in our bargaining. Without sacrifices we can never become somebody. Sacrifice is a characteristic of everyone's formative process.

Every sacrifice has two parts. In exchange for the modification or blocking out of our fears we agree to live part of somebody else's life style, and embody that attitude in our musculature. The bargain is between the roles we can and cannot live, between the feelings or thoughts we can or cannot allow to exist. The decision is to embody ourselves in a specific way, for which we agree to do something. "As long as I'm not going to die, I'll be such and such a kind of person." "I'll be a good boy so don't threaten to hurt me," which could be translated "Don't threaten to kill me, or don't threaten to ostracize me." The sacrifice could read "I'll do what you want if you don't reject me." Then the doing of what they want gets embodied as a muscular contraction, which you call your chronic stiff neck or a pet belief. The bargain that is made is reflected in how you choose not to act.

The sacrifice involves a promise not to fail and a promise to live up to someone else's goals — a mother's, a family's, a culture's. This implicit concept of the denial of failure is an intimate part of the bargain. You promise, no matter what, not to lose control, not to betray your part of the deal. This leads to a most powerful fear of dying, which springs from the secret knowledge that by keeping the bargain we have not lived our real desires.

Making a sacrifice also means projecting ourselves into some future time. "I won't live my present impulses now." "I won't be too sexual now, only when I'm married." "I won't really do what I want to now. I'll do it after I fulfill my ambition." This is the part that must be limited or unfulfilled.

In our earliest years, we make our bargains with the other world — the world outside ourselves — usually with our parents. "I won't have a tantrum," "I won't cry," "I won't make you anxious," "I promise to listen" — things like that.

When children first begin going to school, they have to learn to give up parts of themselves in order to gain acceptance or approval. They may have to surrender or inhibit being spontaneous in order to win the teacher's approval. They may have to postpone gratifications. They may have to do without their mothers. They may have to sacrifice a world in which they were the center of attention in order to be part of their new group. How the child learns to do these things, what they have to give up, what they have to stop doing, is the sacrifice.

Later, the bargain comes entirely from within. We promise ourselves we'll do good deeds, we promise ourselves we will not do what hurts other people, we make ourselves do unto others as we would have them do unto us. We begin to make a whole series of bargains with ourselves about our conduct in the social world.

The classic sacrifice is expressed "If I am a good boy or a good girl, something I fear won't happen to me." Variations can go like this: "If I am a charitable person, poverty won't happen to me." "If I am a good mother, I will live longer." "If I am a wise and generous leader, I will not be killed." "If the teacher likes me, the thing I fear won't happen." "If I work hard, Daddy will love me and I won't be abandoned." This behavior attempts to ward off whatever situations, images or feelings a person believes creates the possibility of their dying, softening dying a little for them.

Betraying our sacrifice suddenly confronts us with specters of guilt and punishment, or of the unknown, which is part of our fear. To challenge a sacrifice is to face the same emotional forces which drove us to make it in the first place. This dilemma creates a new reality for us, one in which the sacrifice itself becomes a defense against feelings or images of dying and their consequences.

To betray a sacrifice is to place ourselves under the threat of being helpless, and of our ideas and feelings of what dying will be like. In any dangerous situation our reaction mechanism tries to stop the danger or eliminate it. The brain calls for a muscular action, a contraction. That chronic muscular contraction apparently wards off, distances us from dying or slows and encapsulates our life processes. Our perception is "I have saved myself."

I perceive myself under the threat of death. I am panicky. Then I perceive that with a muscular contraction I have altered myself and saved myself. I have fantasized an alternative. "I can't go forward; I gotta go back." "I can't do it that way; I'll do it like this." "I can't get along with this person; I've got to find another one." Whatever the alternative we work out, it comes from the imaginative life. The price of this feeling of self-preservation is a diminution of our being and the acceptance of a fantasized existence, such as "In this way I will live longer." Chronic contraction inhibits us moving into the world.

Here is the connection between psychic danger and living a fantasized alternative to what evokes the danger as a basic life attitude. In learning what to avoid and how, we create action patterns, the consequences of which are perceived as real limitations and as real freedoms. "I cannot live out who I really am." The lived fantasy is deeply associated with the feeling of dying which has created it. Our social world is created on the basis of this kind of contradiction, a part of which we carry around inside us all our lives.

I first experienced some of my sacrifices by trying to learn how they expressed themselves through my gestures, my thoughts and my feelings. Who is this character I have become? What are the roles that I play in life that I call me? What muscular contractions shape me into these roles like a suit of clothes I cannot take off? How have I learned to smile all the time, or frown, or be so forceful or timid? These attitudes are a part of the language of the body and of how I use myself socially.

Grief and Mourning

Grief and mourning have to do with being abandoned and with loss. They are the natural consequences of the loss of boundaries. All grief and mourning is about severed connectedness, which gets translated in how we do or don't make endings. Grief is the feeling of loss at the interrupted or broken connection, and mourning is the process of incorporating that loss into our lives. Grief usually begins with the unexpected, and is the emotional expression of this newly-created space or ended connection. Mourning is the process of working through that grief.

There are many similarities between grief over someone else's dying and grief over your own, or between mourning the loss of a friend and mourning the loss of yourself. They may be the same. In both cases your mourning process generally follows the same pattern: initial shock; the welling-up of feeling and emotional expression; working through unendedness; reaching new relationships with yourself and others.

In both cases the object of your grief and mourning is yourself, but in one case you are the survivor and in the other you are not. A person may be able to learn from his grief and mourning experiences with people how to grieve and mourn the loss of himself.

It is almost always true that with the emotional impact of someone's death or imminent death we feel that their dying is tragic. We have an image that the person's death is an interruption of their life, is not how that person's life was supposed to be. However, tragic and fearful feelings are not a universal response. It is not the only way to view someone's death. It is, in fact, a peculiar cultural notion, an idea most likely to occur to an impersonal observer, someone removed from the succession of organismic events through which the dying person has lived. This concept — that someone's death need not be an unhappy event, or tragic, or an interruption to their organismic existence, but the logical termination of their process — gives a wholly different feeling for and image of another's death, and of your own death. A person's death may be perceived as socially tragic in that they died before fulfilling an obvious or expected destiny (John F. Kennedy is a good example). But of course the organism does not give social realities the highest priority. The reverse situation also occurs, because mourning doesn't have to mean sadness and loss. Someone's death may be perceived as a relief, or even as a joy, a new freedom. I think of the reports of ecstasy over the news of Stalin's death. In fact, the same person's death may trigger many different responses, from grief to joy. But for every person involved, no matter their particular emotion, there is a mourning.

Mourning is the freedom to express feelings that weren't or couldn't be expressed under normal life circumstances. Mourning the death of others is a way to rehearse our dying. But mourning is not only this. It is also a ritual for the expression of some of the deepest and most intimate feelings of our existence.

If you inhibit the outwardness of your grief, you may get sick. You may begin to mourn with chronic depression, or engage in anxious behavior, or repetitive ritualistic behavior (such as tics or continual handwashing) or excessive, uncontrollable anger. Unlived grief can cause pain, depression, fear and bizarre behavior, like continuing a dialogue with the deceased in fantasy as if they were still alive, trying to maintain the old relationships, not deferring to the necessity for a new one. Each of us is afraid to express anger and sadness, afraid to cry and mourn the loss of parts of ourselves that we have had to surrender at different stages of our lives. Each of us is afraid to lose control of ourselves in this way. But when grief cannot be properly expressed, it will emerge as part of our unlived lives — our fantasies and our fears.

A young woman I met dramatically released the emotions she had lived with since the death of her father. The event was a workshop on dying and death. The woman arrived along with twenty or more other people. The group went around the circle, everyone introducing themselves, until it came to this woman, who seemed almost unable to speak. She was an attractive person in her early twenties, and she was deeply upset. She held her head to one side and seemed to have difficulty speaking. As soon as she had told us her name she blurted out that her father had died of cancer just two weeks previously. Off and on over the two days of the workshop, her whole story came out.

She was upset because she had no feelings for her boyfriend, and she was upset because her father had died. She felt very angry that her father seemed to submit so meekly to his fate at the hands of the doctors, and that he had left her. She felt jealousy toward her mother, who she felt didn't really love or appreciate the martyred father. She wanted her father's love and felt angry and frustrated that she had lost him both to her mother and to death. At the funeral she had secretly placed a rose in his coffin.

The point I want to make is two-fold. First, the complexity of feelings this woman expressed toward her parent and herself is common to everyone, but frequently kept hidden because of fear and shame. Second, as she expressed her feelings over the course of the workshop, this woman visibly reduced her anxieties and her tensions, at times recovering her natural voice. I do not know whether she was under professional care and I never saw her again, but this part of her life clearly demonstrates a dilemma common to many people. Grief that is not expressed emerges as disturbed behavior, organic or social.

A part of this woman's experience, and of everyone's experience, is that there is no socialization of mourning. Most people do not talk with anyone about dying — theirs or anothers — because no one plays the necessary role that makes such talk convenient. Few priests, doctors or funeral directors want to get involved with the emotional processes of dying. But you cannot deny people's experiences. Everyone has images of aging, isolation, sickness, pain, dying, the hereafter. Usually one holds these images and their corresponding fears inside until they get triggered by grief and by loss.

How we talk about mourning another person's dying relates to our own death. How we react to another person's death is how we will react to our own. Each of us in our lifetime mourns the loss of friends and of stages of our existence such as childhood and adolescence. These experiences can instruct us in our mourning process. Through them we can learn how to mourn ourselves and how to grieve for ourselves.

Part of the self-mourning process is that we grieve the death of our bodies, and of our social selves. We grieve for the loss of the depth of the relationships that our bodies were able to maintain, and that our social selves were able to maintain. We absolutely have to deal with that. The death of the body is the death of the body and we have to mourn it. I see in the death of others my own death. I sit by the deathbed of another and hold their hand, but I meditate upon my own dying.

I remember that, some years ago, when a girl friend of mine died, I mourned her for quite a while. And my mourning swung from deep sadness to anger. I felt that her death was unjustified (she died in an accident) and I was angry at her stupidity for killing herself. My emotions were deep sadness, crying, longing, and anger. One day she came to me in a dream. She said to me that my difficulty was that I was trying to prevent the inevitable. Then I understood that part of my grieving was caused by my not accepting that fact. Everyone's dying is inevitable. I just kept rehearsing over and over again all the things that could have been done to keep her alive and all the things she could have done. And so in the dream she reminded me that I was trying to do the impossible. That dream was a humbling experience for my ego. But I still raged. Then I had another dream, and this time my girl friend said, "Why don't you let me go? You're torturing me by holding on to me." Later I could have explained this dream as similar to somebody alive coming to me and saying "You're torturing me by holding on to me with all those negative feelings, or all those loving feelings." I understood the mourning was over and I had to let go of her image. And she was gone. That now there was a new relationship, she was part of me and she was also gone. And in this way I had finally ended my mourning.

Endings

Turning points are the ending of the old and the beginning of the new. They evoke how we end events. How we prohibit or participate in endings. We fear endings, desiring to leave events unevoked.

There are several ways endings occur. Think of a broken egg, spilling out from its boundaries. Or there is the hard-boiled egg, solidifying or rigidifying, that encapsulates itself like a ball in space that has no connection with the world. We may experience our space as empty or dense, unfilled or overfilled.

Endings bring us face to face with the unknown. Endings force us to make new relationships, or at least offer that opportunity. Mourning is the consequence of leave-taking and of endings. Endings may be said to be the cornucopia of a turning point. Many people will say "That person is irreplaceable to me." The truth of the matter is that making an ending forces us to start being more self-reliant, or at least offers that opportunity.

But people avoid endings. The feelings are too permanent. Endings and endedness scare people. Instead there is flight, withdrawal and rationalization. Keep the dead person's room intact. Act as if nothing has changed. All the clothing, all the pictures, all the personal items remain in place as though ready for use. Keep our feelings at the same even level. Avoid loneliness. This is an unending. Become stoic, realistic. Or the dead person never existed and any space they occupied is denied. A sharp finiteness. The first situation extends the past into forever; the second severs the connection forever. In either case nothing unexpected happens. That includes all those things we feel guilty about, wish we could change, wish had never happened, that make us feel uncomfortable, ashamed, resentful, afraid, sad — all the disappointments that represent all the unrealized potentialities for better contact or emotional completeness.

Unended events must get ended before we can let the dead person or the dead self die. This is true even when it's about a person physically dead many years. We carry that person around inside us, unable to part with them, unwilling to accept the empty space, unwilling to complete a cycle. It is as though we could prolong our own life, or the life of another person, by refusing to change the emotional relationship.

Endingness is an important part of the mourning process. Working through our endings allows us to redefine our relationships, to surrender what is dead and to accept what is alive, and to be in the world more fully to face the new situation. Just as mourning is a time of emotional freedom, endings present the possibilities for expressing that freedom.

Unendedness comes up when we talk about our relationships to parents or friends from whom we are separated by distance of death and all the things we wanted to say or do, or didn't want to say or do. For instance: "I can't say good-bye to my father. I always wanted to tell him 'I hate your guts,'" or "I always wanted him to know I understood his dilemma." Unendedness includes aborted expressions, in which the consequences of expression are not followed up — like "I hate you" left hanging because the connection is broken.

We resist leave-taking because it seems so much like being abandoned. Intimacy has such a low priority for us that at the end of life we have been intimate with only a handful of people.

Everyone practices a mutually-agreeable non-verbal pact to keep a certain distance. When that line is crossed, feelings of anxiety come out. We feel we are about to lose control, or power.

Parting, ending, seems like a similar loss of orientation, or of control. We see ourselves a small speck in a limitless universe. Intimacy can be used as a safe harbor. Saying good-bye — losing an intimacy — evokes the same response of disorientation as an invasion of intimacy from without. We are afraid to cut loose, to drift through the infinite space, to drift through the society, to lose connection, to float in the social cosmos. The fear is a loss of contact. We fear we won't be able to be intimate in a new situation.

Ending reinforces the image that life is a finite, linear connection, and that to break the connection, to lose the contact, is to lose the life. With leave-taking, we fear coming to the end of our finite existence — there's the loss of ourselves in this life, and that's it.

But actually, endings establish new relationships. People fear endings because they must surrender their power in the world. But the other side of endings is the gateway to new power and new relationships, to a new way of being in the world. Dying is a new way of way of being in the world. An ending establishes a relationship between ourselves and the unknown.

I had a client who was born in Germany and grew up in Europe. After World War II he went to C.G. Jung to work on some problem. But Jung told him "I can't take you, I'm not taking any more patients, I'm preparing to die." This was about one year before Jung died. From this story I recognize that Jung knew his life well. He needed time to let his process come to its end. He knew how to be with his life. He knew how to make his end, and he lived that end completely.

Dying with Ed

I recall a friend of mine dying when we were both seventeen. He died of cancer. I remember how the gang would all gather together and make mass marches on the hospital ward, as though our very energy and determination would effect his cure. I remember the enforced visiting hours, and the stupid behavioral straight jacket they put my friend in and that we put ourselves in. Everybody knew he was dying. But they forced him to eat hospital food, when all he wanted was a hot pastrami sandwich which we sneaked in to him. I remember him sneaking smokes too, because they weren't permitted. Dying for him was the same rebellion against the prison of helplessness that was around him from his childhood on.

It wasn't until I took care of a patient who had cancer, many years later, that I really grasped Ed's dying and my relationship to it. When I worked with this woman, she told me about the feelings and thoughts, the resentments and hates that she had and that she had had all her life. The resentment she felt at being cheated by life, by having many mothers, by being shipped from one family to another. The experiences she told me about were like a can of black worms in her chest. When I looked at her chest, I saw deflation and defeat. Slowly as she began to breathe easier she told me she felt defeated because she never could get what she wanted. A deep yearning that frightened me appeared in her eyes and she said to me, "I want what you have." She clutched me to her breast, clutched me tight, with fear. She told me that she was never taken care of, that she could never get this kind of warmth that she craved. I understood her style of dying, which was to shrink in defeat and hopelessness. Her death was a protest over the lack of love for her in the world. That each of her three marriages, all ending in failure, were turning points. Now, she was literally wishing not to live.

I remembered then that Ed had lost his father two years before his own dying — a man he was deeply attached to. He never mourned his father. He just became delinquent, dropped out of school and haunted pool rooms. Nobody made the connection. Ed's way of dying, congealing and shrinking, with his unspoken resentments at feeling fatherless, manifested as brave stoicism. And he died.

I remember all of us — his friends, his brother, his mother — bravely living the pretense of his getting well. I remember the jokes we made to cheer him up. The brave, smiley stuff. Then we would all agonize outside his room. We shared the terrors of his fate but couldn't express our fears. I have often wondered if my friend died thinking we really didn't care or couldn't feel. Even as I tell this story I begin to feel sad at not sharing his fear with him, and my fear with him. Maybe I am now finally ending something that has remained unended for 25 years. We cared Ed. We cared but we were scared. We missed you. We were frightened and angry. For me, there is still an empty space.

Recently I read in the newspaper about a remarkable young poetess who died of cancer. It is interesting that her death was reported as occuring "somewhere between one and two o'clock." Nobody was precise about it. Her husband sat next to her singing and reading her favorite poems. Her children went to school that day. The family had faced her coming death for many weeks. The woman died at home, quietly, without heroic measures.

How I wish we could have sung with Ed. How I wish we could have shared with Ed his dying, instead of pretending to fantasies. I don't know what you looked like when you died, Ed, or what you had to say. None of us did. We were all wrenched from you by established procedure. We were helpless in our fear. You had physical pain; we had emotional pain. You felt cheated at losing your young life; we felt cheated at losing you, and because something in us was dying. But none of this was expressed, not one word. We were too terrified. We saw your dying and we knew our fate. We acted on the surface of life; we never shared our emotional spaces. We masked our anger, our helplessness, our fear, our pain.

Most of us were relieved when Ed finally died. The burden of his suffering was gone, and the burden of ours as well. There were unspoken feelings of excitement among the gang. We could bind ourselves to the living once again. During Ed's dying we felt ourselves more intensely than we had in a long time. We especially felt our bodies and our fragility.

What a turning point this was for me. What I was asked to sacrifice was my innocence, and my unknowing. I was shocked that the young died, that death was so close to me. The roles we played were so naked — I, Ed and the family. And how we all played them out to the bitter end. This was not true in the case of the poetess, whose husband read and sang to her, and whose family participated in her dying. In medieval Europe, many times dying took place in public. Friends and passersby would crowd into the dying person's room.

But when the time came in Ed's funeral proceedings, they asked all his friends to carry the coffin to the hearse. We were all sitting in the front row. I couldn't get up and do it, though other friends did. I didn't go to the cemetery. A friend and I walked home together forming our images of what death and dying was like. We talked about how creepy it was to be near the dead one, about there being nothing after death, about how death was an enemy that attacked and how one always had to be on guard. Most deaths were like executions; people were just waiting. These thoughts mobilized us against the aging process. And we cursed dying among strangers, and hoped our deaths would come quickly and without our knowing. We began to write Ed off into forgetfulness. I forgot to say goodbye, Ed.

Big dying evokes little dying. Ed's dying broke up the gang, forced each one of us back onto ourselves for the duration. Ed's death was a relief, a relief from the intensity of our emotional spaces, but not a relief from unendedness, which has continued for me to this day. Ed was a broken connection in my life until this writing.

Ed had physical pain, and the pain of the loss of his life. We could see it on his face, and it terrified us. We had emotiònal pain and the secret fear of suffering as Ed suffered. Ed's dying evoked in me my dread of pain and I responded to him from that dread. All this was part of the silent conversation in his hospital room. One time Ed communicated to us about the intensity of his physical pain. After that, we avoided letting him do that. There were things I had to discover about pain, and about its connection to helplessness. I think basically the fear of pain is the fear of being overwhelmed by it. Of being made helpless. Of helplessness without humanity.

Ed's mother used to moan and moan, outside his hospital room, moaning about giving up a relationship in her life that already didn't exist anymore. She couldn't yet conceive her relationship to life without Ed. Ed was unprepared to face the loss of himself — his long stay in the hospital, in the bed, didn't help. Once he was diagnosed and put into that hospital room, Ed became, to the established procedure, just another dying person. He had to face what every dying person faces — a situation in which their normal daily activity is interrupted, converted into their dying activity, which is their life at that point. Ed was never able to come to terms with the loss of his life. Nobody talks about this but dying persons end up being dead before they are dead. They are alienated, cut off from social reality. They are our living dead.

Since Ed's dying, and other peoples' I have witnessed and shared, I have gradually allowed the unexpressed to emerge from me. I more and more experience myself — my terror, my sense of loss, my excitement and curiosity, my helplessness, my anger, my pain, and the intensity of my contact. I have permitted myself to learn from these experiences. Every person's dying is a model for our dying. Every person's dying is emotional learning. Nature teaches us about our dying through empathy and through example. "We are all born dying." Formerly dying was more of a family and a tribal event than it is now, an event in which the mysteries of this primary experience enriched people's lives.

Most of us die a tame death, leaving no trace of our conception of life and death. But I have a friend who died of leukemia. He could not make peace with his dying; he broke up the hospital room a couple of times. Even an acid trip (LSD) did not help. Everybody said he was infantile. But it was only in this way that he made some peace. He saw that he didn't have to die silently, so he died protesting. He shocked that hospital in Salt Lake City because he would not "behave himself." He wouldn't resign himself. As Dylan Thomas wrote: "Do not go gentle into that good night, / Rage, rage against the dying of the light."

For some people complaining and screaming and raging is a part of living their dying. For others, it may be just to talk openly about their fears, their ideas, their perceptions and to remain part of the family structure. I knew a man who came to me very upset over the death of his wife. He had wanted to try to maintain contact with her to the very end. But he felt her slipping away, until her speech seemed completely crazy. Just before she died she began to ask for change so that she could catch the bus. She kept asking her husband for change. He was dumbfounded and didn't know what to do.

People call it delirium or the effect of drugs, but I see that the body in that near-death situation is continuing to live its process and is not particularly threatened, even though the doctors and the friends are.

Perhaps the woman's request was symbolic. Perhaps change to catch the bus was her request to make an end, her request for permission to die. What would have happened if the husband had attempted to enter his wife's world by giving her, verbally or with gestures, or however, the change?

I was working with a friend one time in a workshop. He looked right at me and said he felt like fainting. He simply said, ''I feel like fainting.'' I said, ''Go ahead.'' And he did. He just fainted right there. There were no previous signs that he was pale or faint. He said he felt like fainting, so I gave him permission.

A friend of mine doing research with comatose patients in a V.A. hospital told me that patients in comas used to be treated as if they were dead. Everything around them was quiet and sterile. This belief, that comatose patients are dead, is no longer held to be true. The therapy now is to put these people in the halls, where passersby are encourage to touch them, and to play the radio for them. This change in attitude is a recognition that a comatose person is alive and responsive to others and to their environment.

It is commonly held that our body is some kind of dumb animal or brute from which the mythical ''person'' has to be protected. As if the body can't respond. As if intelligence, awareness and understanding were not its property too. As if the body were a piece of meat. The body has the right to end itself with its own intelligence. Nothing less.

We rob ourselves, our culture and the dying

of experiences that can tell us so much about how life terminates, about the nature of human experience in this part of the life process, about possible social roles, about visions and inner conflicts, about self-formativeness, about how self-affirmation diminishes or continues in dying and about the nature of our universe from the viewpoint of this stage of our process. In effect, we have disconnected ourselves from the dying and frightened ourselves until we're left without the hope of a myth, and without true knowledge.

Socrates, when asked what he wanted on the last day of his life, replied: "Since I have neglected the artist in me, I wish to live this last day as an artist."

A black intern at the county hospital now watched Mary Young die of pneumonia.

The intern did not know her. He had been in Midland City for only a week. He wasn't even a fellow American, although he had taken his medical degree at Harvard. He was an Indaro. He was a Nigerian. His name was Cyprian Ukwende. He felt no kinship with Mary or with any American blacks. He felt kinship only with Indaros. As she died Mary was alone on the planet as were Dwayne Hoover and Kilgore Trout. She had never reproduced. There were no friends or relatives to watch her die. So she spoke her very last words on the planet to Cyprian Ukwende. She did not have enough breath left to make her vocal chords buzz. She could only move her lips noiselessly.

Here is all she had to say about death: "Oh my, oh my."*

*Breakfast of Champions, Kurt Vonnegut, Dial Press/Seymour Lawrence, 1973. p. 64.

Mythologizing

Mythology is man's conceptualization of the unmapped sea of human experience. Mythologizing is making a story in order to derive meaning from our experiences. It is storytelling. Our myths are the private stories we tell ourselves about what has happened to us. In this section I explore how we mythologize our little dyings. I explore the process of how we disorganize ourselves, how we break our boundaries and how our little dyings allow the emergence of the unknown.

A Base for Myth

Experience is connected to myth. Being immersed in self-experience is living one's own myth, one's own life story. Each time we reflect on what we have experienced we are creating a story to explain that experience or we are accepting someone else's explanation of it: our parents', our teacher's, the boss's, our spouse's, the culture's. This created story or explanation influences how we will react to similar situations in the future, how we live our lives and how other people learn from us. The making of the story or explanation is how we transfer new experience to ourselves and to other members of the tribe. In this book I talk about how to make a new story or myth about dying, how to become immersed in experience so that each of us can create his own story about dying. At each turning point we have a chance either to make a new myth for ourselves or to follow an old one. Being immersed in self-experience allows the alternative of the new.

When we mourn, when we dream, when we paint a picture or compose a poem, we are participating in an inner dialogue, a process in which ordinary social awareness has been limited or surrendered in favor of another awareness. We may decide to attend the dying, sleep, paint or write, but the expression of mourning, dreaming or artistry that results is not controlled by or derived from ordinary awareness. It flows from other aspects of the self. The decision to dream, for instance is not made from ordinary awareness; the decision to sleep is. Sleeping is one way to set up conditions or boundaries within which the self dialogue called dreaming can take place. Sleep may make dreaming as a bodily event possible, but it does not determine just when or what one dreams.

Process is the continual ongoingness of our lives that is manifest as movement, experience, knowing. We can identify process at work through such rhythmic activities as breathing in and breathing out, going to sleep and waking up, getting hungry and feeling satisfied, growing tired and feeling rested, and increasing sexual desire that leads to orgasm.

Viewed as process, dying is a continuation of living. We can be said to have a dying plan or program as surely as we had a birth program.

Dying is the precondition on which birth is available to us. Birth is a statement about the dying of the uterine life. All growth stages, all turning points, are a dying.

However, the program for dying, like the programs for mourning, dreaming, exhaustion, artistic expression, breathing, sleeping, hunger, sexuality and so many others, is not readily available to ordinary awareness. These programs, these scripts, are not subservient to social control, but are co-equal with it and influence its functioning. They cannot be produced or evoked upon demand. To the extent that they can be made available at all, they must be approached through their own idiom, through the discovery of their expression as a non-verbal language in daily life.

In other words, we can't practice dying by doing exercises for it. Exercises, mental or physical, are deliberate constructs designed to accomplish a goal or solve a problem. They impose their own demands onto the body's process. Gestalt techniques, psychodrama and bio-energetics, for example, can be very useful in resolving conflicts about social roles or personal definitions of self. But the problem really is more than the resolution of conflicts. It is making our processes more available in our everyday experiencing.

The act of living gives ample opportunity to become familiar with the ways we are dying. Our dying's significance is related to the unfolding of the life we create. As our connectedness to living deepens, we learn that experience is the teacher. And experience cannot be programmed. We are our own mythmakers, knowingly or unknowingly.

Social Images and Self Images

Our visualizations — the pictures we see in our mind's eye — can be divided into outer images, which have their basis in social mythology, and private, self-generated images, which are expressions of our somatic life. Since breathing is intimately associated with self activity, I use it to evoke images and feelings. So I conceived the idea of breathing in halves. When I do this experiment, I take a series of five breaths sequentially and with each inhalation reduce how much air I take in to one-half the previous breath's amount. I pause briefly at the end of each exhalation and inhibit the urge to inhale.

After the fifth breath, I yawn and allow my breathing to return to normal, trying to experience the sensations that I feel. I find that there are several levels to this experience. One part of me says "Breathe! Breathe! Breathe! You keep this up you're going to die!" But then there is also a kind of excited darkness, located in my torso, another kind of awareness altogether. It is quite different from my anxiety message. One part of me is afraid of dying while another part is excited. As I do this experiment a little longer, I begin to feel a wash of sensations, carrying with it memories and visions.

I recognize that the anxiety message is my survival mechanism. "Breathe! Breathe! Take in more air!" But the feeling of excited darkness carries a message "Don't stop!" I take this apparent contradiction to mean that not all of me is afraid of dying. Part of me is anxious, but part of me is excited.

Transcending rational awareness is like dying, it's coming around to another level of experience. There is a part of me that says I'm afraid of dying, but which part is it? Part of me is excited and feels pleasure if I initiate the threat of dying.

Images can be pictures or they can be concepts meant to convey patterns of feelings and sensations. Concepts from the culture can inhabit us, telling us who we are. They seem then to spring forth from within us as if they were our own. Also, through exposure to the media, and from hearsay, we receive many morbid or horrible images about dying, and these are always the first to come up when we encounter feelings of anxiety or of fear.

On the other hand, feelings and emotions may be described as spontaneous self images that are quite different from social images. Genuine self images are biological expressions and may not be visually oriented — for example, feelings of beauty, grace, shyness, awkwardness.

On the basis of their images, people say, "Dying is painful" and "Death is bad, to be avoided at all costs." But my breathing experiment convinces me that I can have some experiences with initiating my dying program that are not negative.

Changes in the body chemistry can alter images. In my breathing experiment I increased the amount of carbon dioxide in my bloodstream, and immediately triggered anxiety and images of dying. All emotional, bio-chemical environments have their concomitant images and feelings. For example, a feeling of sadness may trigger sensations of choking and the image of being smothered, or rage may trigger sensations and images of annihilation.

Dying poses the danger of the loss of my life as I have come to know it. But I have learned to ask, which part of me is feeling the loss? Is it the organic self? Is it my ego, my conscious self? Is it the social me that is afraid, that says, "I won't be here anymore"? Which part of me is threatened by my images of dying?

After listening to many people tell me about their images of dying, I began to see that fears always fell into either of two categories — social or personal. The death you die is the life you live. The more you choose to live your life ouside the culture's images, the more you will die outside those images too. When I asked myself "How am I afraid to die?", I had images of dying in the social category — from the culture's programs — and they were violent images. "I don't want to be run over by a truck." "I don't want to be shot." "I don't want to die in surgery." And so on.

Images of dying tend to be confused with feelings of dying. When looking at ways we are afraid to die, images may come up that cause intense anxiety. The message of anxiety is that something is dangerous, one may die. At that moment, the threat and the feeling of dying are intertwined, are the same. However, the feeling of dying itself has not caused the anxiety; it's the image of dying that has.

If you're afraid of being suffocated, you may evoke an image of drowning, or of being stranded. Any event that triggers your images of dying will automatically trigger the anxiety of dying. At that moment you feel you may die. You are anxious, you are panicked, you feel you may die. So you come to associate the anxiety you feel with what dying will be like. You tell yourself dying will be like this. "I'm very anxious and afraid. Dying makes me anxious and afraid. This is what dying is like; it's like what I am feeling right now." But that may not be so.

I discovered in the breathing experiment that I could experience both anxiety and excitation around an event because different levels of me responded simultaneously in different ways. It is also true that our thoughts about dying can be different from our feelings about dying. The feelings can be sensuous and the thoughts can be quite frightening. I don't want to over-simplify thoughts and feelings about dying, because there are many other things to consider about them, but I want to drive home the point that it's quite common to experience a con-tradiction between thoughts of dying and feel-ings of dying.

When I ask myself, "How am I afraid to die?" I try to evoke my images of dying and death, either through the breathing experiment or through my imagination. Then I separate the feelings these images have from the images themselves. I might hold them in my consciousness, remember them or draw them, write them down, to look at them without quite so much panic or stereotyped reactions. I contemplate my reactions, my responses. Most of these images are of violent deaths, the kind pictured in the newspapers and on television everyday. I look at them and say to myself, "Dying may *not* be like this," because I know I am picturing to myself the cultural images of dying. Violence is, after all, almost all we see of dying. I go through this same process with my dreams.

The culture, in general, favors eruptive dying, but it is possible to die congealingly instead. Harry Truman did. All societies control dying styles by putting positive values on certain programs, including many that can be personally negative. For example, our society does not devalue dying by murder. It doesn't come right out and say that, but underneath a high value is placed on many forms of violent dying. The society is programming its members to die quickly, suddenly, by another hand. It's advantageous because it's very quick. Orgastic, explosive, and bang, boom, no helpless lingering, no problems taking care of you, no cost, no dependency, no remorse, nothing. Life is simply interrupted, bang! A quick dying takes away the need for a geriatric program or for a social state, and it does away with the many expensive problems of lingering convalescence. Individuals support quick dying programs because they do away with personal problems of remorse, and minimize mourning.

We all live in the mind of the culture, and I don't mean that derogatorily. We don't realize that we are living out somebody else's dying program. We don't realize we may be living out their life programs as well. We think we are exercising free choice but we unerringly choose the culture's programs. We think that's all there is to choose from. So we end up not living our own life, and then dying someone else's death.

What dying is natural to people? Nobody knows but everyone has images of it, and everyone is partly afraid of dying unnaturally. For my purposes, natural dying is one that can be lived as a continuation of one's style of life, a dying that is not an interruption to but rather an extension of one's life.

People who have vested their energy in eating well, exercising mind and body with yoga, body therapies, spiritual practices and alternate relationships, have chosen another way of living and another way of dying. They seem to wish to avoid the common cultural deaths — cancer or heart disease. People who find themselves outside of the culture because of their age also have a chance to create a new lifestyle and a new dying style.

Families that hold their emotional ties together have made decisions not to die alone. Families that break apart easily or that have no emotional ties institute anxiety about dying alone among their members. Dying is a personal, but also a family and a tribal, process.

Making Your Experience Count — Becoming Somebody

People don't remember being born. They just know they are alive, and it seems as though they have always been alive. It has never been any different in the world than it is now.

What do you imagine death is? How do you come to grips with the fact of dying? Do you avoid it, admit it? Connecting with feelings about dying is a step in breaking through the cultural images, and in building a new mythology for yourself.

I ask myself, do I share my dying with other people? Do I talk about it or keep silent? Am I reluctant, am I guarded, do I feel ashamed? What kind of talking about dying do I do with myself? Do I write myself letters? Pass notes under the table? Send myself messages I can't decipher, notes written with invisible ink? Do I experience these thoughts and these feelings or inhibit them, postpone, distort, reject them? Do my thoughts, feelings, images, memories link up, creating an interconnected me?

A man in real estate once told me that several years previous he had had a hemorrhage and was taken to the hospital, where they told him: "Friend, you have a very strong chance of dying." When this realization became clear to him, his ambiguity was decreased. My friend said all of a sudden he felt, wow, he felt free. He said his body was flooded with excitement and that he felt charged to the gills. It was completely crazy, paradoxical. He said for the first time in his life he felt free to feel lost, without rules. And he looked forward to it with excitement. He said for the first time he could really enjoy life with no responsibilities. I suggested to him that that may have been why he got well. For the first time he could commit himself to what he wanted rather than to social pretending.

I was in a propeller-driven airplane once when all four engines went out. Before we landed, I had enough time to prepare myself to die. It wasn't very long but it was long enough. And a number of incredible things happened to me. The first thing was that I became transparent to myself, through being flooded with excitement. It broadened me, deepened me, bang, some space opened up. I felt that my head was full of panic. I felt panic in my brain, my eyes, and in my face. But below my neck there was no panic. I was super-charged — there was adrenaline — but I was calm as a donut.

I don't remember the sequence, though I've been over it a hundred times, but I was flooded with a sense of who I was. I can't explain that to you except to say that I was filled with a kind of *inknowing* — I was filled from inside out with an overwhelming sweetness and light, but it wasn't like a visible light. I was filled with acceptance and love for myself. I had a taste of being full of myself, of having filled myself with my excitement. I was fully immersed in myself, and I was abundant, everything was okay. From then on, my whole life was re-oriented. I was thirty-one at the time, and I recall the experience for you as another example of the contradictions that can exist when making connections with dying.

We live in an age in which everyone is wanting more and more responsibility for everything in their lives. Why not carry this responsibility over to dying? You will not die until all of you decides to. You are intimately involved with the process of decision-making for your own life and therefore for your own dying. This responsibility does not manifest on a cognitive level alone, or even primarily.

When we try to control life and dying from the cognitive level we end up denying both life and death, living beside life, not in it. No one says this, but most people are not immersed in life, and they know it. They contract themselves, accept social roles as the reality and try to live successfully within this limitation.

The character of our life is the character of our dying; both are part of one process. Many people withdraw from life, yet they don't want to die. They don't want to participate in the dying process any more than they want to participate in the living process.

In our culture living is lopsided. The brain is kept alive and the body ignored. The life of the mind is valued, that of the body denigrated. We live only a part of our self, a part of our bodies, a part of our feelings, a part of our existence. We need to take ourselves seriously, making our life the starting point, making our experience count. By doing so, we become somebody.

In the process of becoming somebody, the ground of the mystery of existence is revealed — the experience which no one can tell us about. Each person discovers the terms of his own aliveness, and his own dying. Many people accept dying by perceiving that there is a great difference between their images or their thoughts of dying and their feelings about it. To hold on to our images can perpetuate fearfulness. Clinging to our thoughts can make them morbid and defeating or unpleasureable. Taking ourselves seriously thrusts us directly into life and a new reality of our own dying.

We live two different ways — a social life and a personal life, a public life and a private one. The social life encompasses the impressions and images of programmed social patterns. It gives acceptance and roles. The private self grows out of body processes and impressions. In most of us one or the other dominates. Generally, self-identity and a sense of continual self-realization is formed publicly. It is difficult for most people to mature in our society with a well-formed self-generated vision.

I have slowly come to understand that most people are not frightened of dying, but are afraid of being killed. The most serious unanswered question for people about dying is how they feel about being killed, about their helplessness. I see that ultimately every fear of being punished, of being ostracized, or being alienated, of not getting approval, always boils down to the fear of being killed. "What do you mean, your mother won't like you, what will happen?" "I'll be alone, nobody will take care of me." "Well, then, what will happen?" "I'll be hungry with nothing to eat." "So? Then what will happen?" "So, then I will be helpless. And left to die." Are not all forms of discipline basically a threat to living? And what is anxiety, but the dread that something will happen, be done to us, we will be killed? It is this victim's role that terrorizes.

Think back to your childhood days, when you were small. Just at the beginning of memory. Was it not this helplessness that provoked feelings of terror?

Deciding to connect with feelings of dying is making a commitment to the unknown. The courage that is needed may simply be the courage of looking at your assumptions about dying. Or to create your own myth. This could result in experiences no one has told you about.

From all the recorded experiences of people who have nearly died by drowning, airplane accidents, great falls, or in other ways, but who survived, the one consistent feature has been that their experience was completely different from their expectations, and completely outside ordinary images about dying.

Living your dying is to live your life, trusting your experiences. Being somebody is different from being nobody.

The Threat of Not Existing

Most of us tend to project our social roles into the future in the hopes of keeping the future stable. It is these socialized roles that we fear losing because we equate them with existing. To lose our roles is to fear losing our continuity. Futurizing is part of living. The projection of ourselves into the future extends our existence and guarantees the continuity of our on-goingness. Generally whatever inhibits our thrust to the future causes fear. We cannot imagine a space in which there is no longer a personal identity. We fear not existing whether we know it or not. We simply have no frame of reference for it.

Dying may be the unwillingness or inability to integrate new experiences and new form, the cessation of expansion and contraction. Biological life, for me including the psychological existence, has three major concerns. One is to maintain itself. Another is to expand itself. And the third is to replicate itself. Whatever threatens any one of these threatens the continuity of existence, causes anxiety. What threatens to break the thread of continuity is like the fear of non-existence. It equals the fear of being killed. We feel discontinuity will kill us. Most people respond to a loss of continuity with fears of dying. Life, however, is discontinuous. For reasons of security and the maintenance of social roles everyone tries to ignore feelings of discontinuity. Even when we go to sleep each night we affirm our identities by maintaining our accepted ways of imaging, reviewing our day or projecting an exciting or meaningful problem to solve tomorrow.

The first thing when we get up in the morning we're thinking about that problem or about getting breakfast, or about being a beautiful woman, or any of a whole stream of actions and thoughts which organize our self-identity and our reference to the world. In this way we permit no loss of continuity and self-reference through sleep.

I go to bed telling myself that I am a writer and I wake up thinking about writing books. The memory of our lives is the attempt to keep an unbroken stream of feelings, thoughts, and actions going. We want to believe our lives are totally continuous. We don't remember too much about the empty spaces. We think we're absent-minded or forgetful when we hit the empty spaces. A moment of discontinuity is like loss, with all its emotional responses, which may be equated with dying.

Imagine you're in a dark room, alone. All of a sudden where before you could see nothing someone has put the light on. You don't know where you are. Someone opens the door, someone you've never seen. They call you by the wrong name and insist that that's your name. They insist you are in a place you never heard of, where you have never been before. What does that feel like?

What happens when you don't recall an event? What has happened? Have you lost your sense of continuity? All of a sudden you experience a gnawing doubt that a bridge in your awareness is not there. Connectedness is broken. You were in a place you can't remember, doing something you don't recall. You may begin to doubt who you really are, or where you are. Your entire existence is threatened.

This imagined loss of continuity is really a loss of social orientation, which is one of the primary losses everyone dreads. This continuity is the glue that holds our social fabric together.

This contract of accepted roles is maintained by feelings, and if this is impossible, through thought or action or sometimes sensation. Any threat to one of these connections causes anxiety and leads us to withdraw or to reinforce the ways we know we can stay connected.

An experience outside the culture's way of experiencing, if told to others, is usually unacceptable, or makes us feel alien. This becomes equal to being crazy, or cut off, not connected to the culture — dead. Many science fiction films play on this point, when people think the hero is nuts who sees a giant bug. Discontinuity is the feeling of being unattached, disembodied from the cultural body. It is the threat of not existing, of being dead.

Each of us has the ability to end our own existence, socially or bodily. In surrendering social identity and continuity, perhaps we enter a new experience of existence.

How far does your life space extend? I live in Berkeley. I feel my life space pervading my house, my office. Beyond the house, it extends to local buildings where I give workshops or speak regularly. Since I am affiliated with the Esalen office in San Francisco, my life space easily extends there by telephone. I also give workshops in Chicago, Toronto, Boston and San Diego.

Through memory, experience, personal friendships and the telephone, I am constantly in contact with a real sense of the extent of my life space — it spans the continent.

Dying is the loss or the changing of those boundaries. Dying is the surrendering of values and ways that make up our world. The dying process does not have to be slowing down, shrinking back, understanding and accepting reduced contact. But surely it is the world operating differently. You've got to be prepared for an entirely different world, for new possibilities.

Allowing our boundaries to change is akin to being alone. Being without the old ways. Being alone is facing the unknown for most people. Being alone is solitude, but it is not necessarily loneliness. Being alone can lead to the establishment of a new relationship with oneself. Many of us, through chronic contraction of our bodies or our imagination, never permit ourselves a new sense of existence. We use our contractions to cement our boundaries, to try to guarantee our continued existence. Dying is the crack in our boundaries that leads to a new existence.

Facing the Unknown

There are images from our observations and from our memories that we believe are painful or terrible. These are mostly mutilation scenes. And there are feelings that we fear. These are mostly feelings that are unusual or unfamiliar to us. What is the feeling of dying like?

I recall in the early days of my work that when people opened themselves to painful psychological spaces, and their bodies contorted, I was frightened. There was one chap who collapsed on the floor before me — writhing, screaming and crying incoherently. I thought his pain was enormous. My fear was. It almost robbed him of his experience. Later he assured me that it was not so painful. I learned from this and subsequent experiences that my imagination of his pain was mine.

People say they have a feeling of dying, but I think they have a feeling they attribute to not existing. They experience a feeling unfamiliar or frightening to them and they associate it with the possibility of not existing. The image of dying, at least in our culture, is so overloaded with terror and panic that it is difficult to get at what the pure feeling of dying or the pure feeling of what the process of death might be. When we talk of the fear of dying we are only able to say that well people — persons   not   in   the   dying process — are terrified of it.

Once in a group a young man described to me his absolute terror when, in the middle of the night, he was awakened by an image of a man in his room. This image, this apparition, was ghost-like and filmy in appearance. The young person said he knew this image was not real, was apparently a projection of his own mind, but at the same time he was terrified of it. If in his situation he could have permitted this image of terror, and not been victim to it, he would have made a discovery that ranks at the very top of the discoveries of men — that he has the power to resist non-being. We all do.

I was talking recently with a woman who worked with geriatric patients. She told me that many of the patients know they're dying. "They have such beautiful fantasies of what their world is going to be." I said to her, "Listen, Paula, what do you mean fantasies? They describe a place, a feeling, a particular kind of reality. And you call it a fantasy! What you're really saying is that their description doesn't fit your perception of what the world is like. What you've done is put the dying person outside of your frame of reference, and say that their world doesn't exist. You turn their perception into an hallucination!"

That's a terrifying position to any person, but especially to the dying person, since it teaches them to reject their own perceptions. The dying person speaks of a place they are sensing, or feel they are moving toward, They may be in a certain psychic state, but then that state causes their social alienation. The result is a loss of inner continuity that is fearful.

I was sitting in a chair with my eyes half open, letting in just a little light, and I began to imagine a point or fantasize a tiny object at a distance beginning to move closer and closer to me. I let it grow in size until it became much larger as it approached. I wanted to see what reactions I would have. When it grew huge, I felt I was being overwhelmed. If I conceive of death as coming at me like this I am terrified. But death does not come to get me. I am it. As I sat during this game the panic I felt was connected to my conception of dying, but it wasn't connected to the dying process. The panic originated in my images.

Birthing can be painful event, which the mother and child register and remember. I think that if a mother has deep inhibitions against experiencing her own pleasure and is afraid of her child's birth, even though she desires it and wants it, then the child mobilizes against the uterine resistance. I think many people walk around with bodily memories of their birth which act as a trigger for anxiety about dying. A child having to push itself through a contracted opening into the world has memories of this struggle cellularly implanted. Or it may be that a normally tight, small pelvis may present difficulties to the child that are painful and traumatic. Also, a mother's previous experience with this difficulty may predispose her to fear normal birthing pressure, and contract.

This creates a binding effect on the body which inhibits expansion. The fear is that we may not live, and a kind of helplessness. In this way being born and dying are organismically similar events.

To clarify, though, we do not have to die helplessly, any more than the child is consciously worried about the constricted passage. It's too deeply involved in the process for that. However, this does not prevent the organism from perceiving and registering the event in such a way as to create a deep fear of it. The bodily effects of a constricted birth may act as a self-inhibiting factor during life.

I believe that when a child is born the outside of the mother's body becomes an extension of the womb. The rhythmic, pulsatory patterns of the womb are continued, albeit modified, on the surface of the mother's body. When the child is taken from the mother and incubated, stress patterns of breathing are instituted and the child is alienated. This action mobilizes anxiety in the new body and a deep fear is built into it from that point. Later on, as the organism begins to die, that fear returns, since the organism may tend to die as it was born or to act in such a way as to avoid the experience of its birth. The dying person experiences fears that they will again be constricted and alienated and helpless.

In this sense of alienation, of the pressure of constriction, of loss, of surrendering roles to the dying process, feelings may begin to emerge that are negative, hostile, revengeful, sadistic. The dying person's self-image alters. You have an image of being a good person who never gets angry. All of a sudden anger and hatred is mobilized in you, apparently from nowhere. You can't deal with it. So you try to block it, to push it back inside, but that becomes painful. Or you want to scream like you weren't allowed to scream as a kid. "Don't leave me alone! Don't desert me! Don't take me away from contact because it scares me!" But you're not supposed to do that; you're supposed to be brave, to be self-sufficient. You're supposed to die silently, without giving anybody any trouble — just the way you have lived. And so you relive all the fears of childhood and never protest.

These things must come up. They lie at the base of all our fears of dying — that we will have to face again the unresolved anxieties and fears of our early lives. And our institutions try to force us to resolve these feelings the way we had to resolve them in childhood. "You must learn to be alone. And to die alone. To die without friends and to die by yourself." Which is the whole thing you have been warding off all your life.

Dying is having to face the unknown in a world controlled so thoroughly that unknowns are only fearful experiences. Our society is the on-going result of a history of working hard to control unknowns. In one lifetime there are tremendous strides toward such control.

However, Unknown with a capital U is the central fact of life. Whatever the qualities and activities are by which we make life seem to be a continuity of aware activity, these are the controls by which we attempt to eliminate the Unknown. Living your dying is facing the Unknown. There's a conflict between the objective reality we want to establish and live out and the subjective reality that motivates us. Objective reality is arrived at by a social concensus about inner reality. We agree that such and such a thing is something we have all experienced, and therefore it's real. Science is based on this logic, and so is the life of the culture.

A large part of what one calls unknowns simply are the normal events of deeper experience. Beyond this, one has to recognize that life reveals itself in its own way, a way quite foreign to the reasoning process that organizes and controls objective reality.

What does it mean to lose control? Our acquisitive and possessive education makes us ward off all loss. We have to be forced to give something up. This acquisitive mentality is deeply rooted in all our activity. One consequence is a secret fear in everyone that letting go ultimately means the loss of control over bladder and bowels. The fear of this possibility, the shame this "accident" creates, is due to the ostracization in our society this crime brings immediately on the head of anyone over three or four years old. It is an example of feelings and experiences avoided or controlled all through life. The fear of inappropriate elimination is a powerful example of a whole family of hidden fears to be confronted. Other examples are: the fear of screaming; the fear of not knowing the right way to act; the fear that one won't be brave; the fear of displeasing someone in authority. All such fears arise out of individual and family applications of the cultural rules and can cause the dying person to die someone else's death rather than their own.

Norman O. Brown has said that only a person with unlived lives is afraid to die. A person who feels he has lived his life — the way he wanted — is not afraid. The fear of dying is tied to the goals of who you believe you have to be rather than who you are.

Part of the fear of dying, and of the excitement of living, arises because since we can conceptualize our future, we are subject to disappointments and catastrophes. The fear of dying can come from the loss of our futurized expectations. A part of living is learning how to correct some of our incorrect mythology as we go. Letting go of what we no longer need. This could include some of our futurizing.

In the later stages of dying there is sensation. There are no ideals, there are no concepts, there is simply the state of being in that process. And as I say this to you I don't believe I could have used these words except that I have been so much myself I have known times when I have lost my sense of my body. Once I got into this space I was alive without images. I lived with the strongest sense of being me.

Says I to Myself Says I

There are many ways to describe the path to dying. There is acceptable dying, unacceptable dying, natural dying and unnatural dying, accidental dying, sudden dying, surprise dying, passive dying, suicide, premature dying, diseased dying, self-destruction and the list could go on and on. Granted that different names could apply to similar styles for dying, all these terms reflect serious attempts to talk about and understand how and why people die and in what way a death connects to the life that preceded it.

Any distinct style for dying is really a program for dying. That is, it is part of a template or unfolding having roots far back into a person's life. Just as each personality is unique, so there is an infinite variety of styles for dying, but they do seem to conform to certain general characteristics. I already have described the two basic styles of dying, congealing and eruptive, resulting directly as a consequence of the energetic process. Within each style, one can distinguish whether a person dies his own unique death, one expressive of his person, or whether he dies someone else's, or the culture's.

In seminars on dying I have led, people almost always express some kind of regret for things they have not done in their lives, and specific fears connected to "bad" dying.

A good dying was usually described as either one having no pain or a "natural" death (old age, for example), and a bad dying was usually one no one wanted. People were willing to die, then, as long as their death was desirable.

Good and bad dying have also been expressed as "I want to die like a person with dignity, in control, not screaming or out of control in my emotions." These concerns with good and bad dying were expressed by those who did not want to know that they were dying. Usually they wished it to be quick, unexpected, a sudden fatal violence, an auto accident or a heart attack. These persons generally wished to do their dying alone, in private, without being prepared. There was conflict, though, between those who wished to die quickly or unprepared, say in their sleep, and the lack of a chance to say goodbye.

There were those who opted for more slow dying styles. They wished very much to participate, to see the end coming, to put their affairs in order, to have their friends and relatives around. They often spoke of wanting to melt into the universe, leak into it, drift away while being touched, held, or otherwise have contact. They were concerned to be alert yet without pain.

A person who is afraid to live their own dying might be willing to be killed in an airplane crash, an automobile wreck or in any number of ways in which they would be passive and without direct responsibility for their death. Also, since the culture generally approves of violent death, such a person would be living one form of the culture's death. This could be seen as the Grim Reaper — a form of the popular notion that death will come to get you — a medieval image that in a way gets fulfilled in the above example. I can get somebody to kill me. That's one expression of my desire not to die by myself or from my own hand. A variation would be dying from surgery; getting a doctor to kill me under the guise of attempting to save my life. This dying program follows the pattern: "I don't have to live my life, or my dying."

Premature dying is a program by which death seems to come before one's time. A twenty-three-year-old man develops bone cancer and is dead three weeks later. Or Jennie dies of leukemia in *Love Story.* Or an eighteen-year-old develops heart disease. All the deaths in this style seem to come as a result of the kind of disease you usually associate with a much older person.

The boundary between accidental dying and suicide is nebulous. There was a study made in Texas which showed that almost 30% of all automobile accidents may have been suicides. There were documented reports in this study like the following: A man, furious in an argument with his wife, said to her, "I wish I were dead." Minutes after he stormed out of the house and drove off in his car, he was dead. He apparently just drove in front of another car.

Likewise the boundary between accidental dying and voluntary, passive dying is unclear. Several years ago a French airliner went down near Dijon with fifty-five people on board. Four or five survived. One, an older Frenchman, was quoted as saying that he hadn't wanted to get on the plane. He knew something was not right. He ignored or overrode himself. He got a message that said to his conscious, decision-making self, "Don't get on that plane!" but he decided to go anyway.

I had an automobile accident once when I was in a state of anger. I was completely discombobulated. I was very intense, frustrated, and didn't know what to do about a situation I was in. And it later occurred to me that at that time self-destruction was a viable alternative.

I'm trying to show that styles of dying are manifestations of specific programs that can be at least partly understood. Sudden dying, for example, may be the result of not listening to one's subtle messages, coupled with the fact that in the situation dying is a viable alternative. I believe this means that the part of a person which ignores the warning message really wants to die. Perhaps because the person is frightened to be so much in contact with himself, or to think about dying as a possibility, he doesn't see the significance. A lot of sudden deaths may not be sudden deaths, but subtle suicides. We would normally think of them as accidental. But when a person "has an accident," say cutting his finger on a can he is opening, we realize that the accident is a result of the person not paying attention, and being out of contact with himself. The organism has somehow not bridged the gap between its normal level of coordination and the attempted action.

Also, of course, we don't know how any person is working out their dying program — what kind of dying that person wants. It may be that the sudden, seemingly accidental dying is just the dying that person seeks. This is not a morbid statement. Dying is a perfectly valid response to certain situations.

Balzac, in *The Alquest,* tells of a woman caught in a conflict between her children and her husband. She's torn between love and fidelity, and unable to know what to do. Finally, she calls her daughter to her and turns the responsibility for the husband over to the daughter. It becomes clear the wife is choosing to die as her solution to this conflict. This is astounding since Balzac paints it almost as a voluntary act. In the story, ending one's life voluntarily becomes a viable alternative.

There can be a willingness to die, a willingness to get life over. To be without passiveness. To be a victim of our dying process. For example, we might feel that a great injustice was done to us, and decide to hasten our dying. The willingness to die is related to the willingness to live life and to understand it in its own terms. Or it may be the willingness to resist it. The need to protest — to join our dying, instigate it, but then protest.

Willingness means the interaction, the cooperation, of all the parts of ourselves. It means a decision to make contact with any parts that are resistant. The instinctual self, the psychological self, the social self and the biological self beginning to be in a dialogue. The feeling self talking with the thinking self, or the acting self responding to the imaging self; dying part talking with living part, social part talking with body part. Out of this interaction can come a new understanding of our dying program as we work it out in our lives.

If you assume, as I do, that everyone is in some control of their own dying, it is possible to reach some familiarity with dying, and to learn how to gain more conscious direction over it by dialoguing with our less social selves and by learning to read our more interior messages.

When a physician finds evidence of cancer during an exam he never says to the patient "Something in you wants to die, something in you is against your social self or *for* your dying self." But that's the truth. There are plenty of people who have altered their dying programs and have gone on to live different lives. And there are plenty of people who choose consistently to ignore important aspects of their selves. I tend to put the businessman who keels over at lunch with a heart attack and the delivery man who steps from behind his truck into the path of a car in this category. Such people are out of tune with themselves. They are not where they should be, either psychologically, physiologically or physically. The person is not fully in contact with himself, is not in the present, is off somewhere else. Many people simply have no idea that there are such things as deeper messages, that feelings and sensations are an integral part of self-experience. Many people believe dreams, fantasies, images, inner pictures and other spontaneous interior events have no purpose, meaning or usefulness to them. Such beliefs cut a person off from the tools, the concepts, the simple understandings that would allow him the choice to live independently from the culture's dictates, to be free to express who he wants to be.

But the real issue may be that dying is us — we die, we terminate ourselves. Nobody has to teach us how; we know how. In this sense each death is like a suicide. This may be our biggest secret. To know we know about dying, its how and maybe the when and the wish to live it, to have the opportunity for our own freedom.

Biological Time

1, 2, 3, 4, 5, 6 . . . the world is divided up into an infinite number of dots, of particles that can be measured to infinity. 23, 24, 25, 26, 27, and so on. This counting process, this continual addition of equal units, divides up time, divides up space. We take it for granted. We call it space time. But the culture needs linearity. It's a basic tool of the business and scientific world.

Supposedly this way of viewing space time — by measuring it in equal portions — had its popular beginning with the Renaissance. McLuhan says the invention of linear time goes along with the death of poetic language and the introduction of prose in our culture. In that era, a new accuracy was demanded and space and time as separate entities were established.

With this kind of world view we see the metering out of our lives. We see a beginning and we see an end. Events have to follow a certain course that is either finite or infinite. Then we're caught in an absolutely limited kind of thinking, which we could call *accounting time*. In this system, our calendar is rigid; our life is measured in equal doses and moves relentlessly forward to a finite conclusion. There can be no pause and no return.

However, there is another view we can hold. We can conceive of our life as *eventful*. We can become part of the process of life in terms of things occurring, of events and their expression. Events occur without a beginning or an end and can carry us to another level of existence entirely. Now I can talk about this occurrence in my life and that occurrence in my life, and I can begin to talk about ending my corporeal existence as a stage in my life. My personality is intimately linked to continuity. To expand or contract my personality is to alter this continuity. The concept of eventfulness allows us to surrender the culture's time and gain our own space time, an environment in which to live out our process.

Accounting time is imposed on our social selves; space time flows in the body self. Accounting time is based on machine precision; space time is biological, in which life is experienced as process. You could call space time body rhythms — which everyone knows about but few consider important. Let me point out that in space time one does not talk about the death of the body, but only the death of the body from the point of view of the observer. That's a wholly different phenomenon; it invites you to escape the culture by living your process, your self-experience from inside. I observe your dying. You may observe my dying. *But the experience of the process of dying has nothing to do with what you are observing.* If we derive our information about dying from our observations, we may have discovered nothing about what it is like to die.

When I give professional workshops, I have to remind those therapists over and over to focus on process. Forget product. We all are so attentive to accounting time and to cultural space that we ignore our deeper process of living. The culture values material over energy. Your task is to reverse this attitude in your life.

Living time is the time that it takes to become. It can be stated as the time of all the events that occur in our life expression. It doesn't really take nine months to hatch a baby. At the very least the space time involved has to include the span of the existence of the very first thought, the desire, the preparation of the uterus and the stretching or extending of space by people creating a new being. Our living is our life time.

Another differentiation is to distinguish socialized time from dying time. Socialized time is brain time, accounting time. Brain time is slower than hormonal time in the sense that a nerve impulse travels faster than your brain can think about it. Brain time is faster than hormonal in the sense that you can think faster than one feeling can develop fully in your experience. Molecular time is very fast, hundreds of times faster than brain time. However, on the organizational level, it takes millions of molecular events to produce one bodily event.

If you think of bodily functions as having a progressive value to the whole, then you see the brain function as more important than hormonal or molecular ones. This is evolutionary order, from single cell to man, held up to us in elementary school. You decide thinking is more important than feeling. Such a valuative system is oriented sympathetically to the concepts of accounting time, end-pointing, product-oriented.

If you conceive of organismic functions as purely eventful, then you see the life of the organism engaged in continual self-expression between its many levels. It can be meaningful to describe brain, hormonal and molecular space times as equally important. Since we cannot die until all of us is willing, the dying process is a dialogue or monologue reconciling accounting time and the body's time.

Who is to say how long is a lifetime? Who is to say how long is dying time and what becomes of the space time world we have all agreed to accept? And why is the space time world of the dying, a lifetime in seconds of space, made unreal?

Sexuality

Sexuality is almost a training for dying — an intensification of the dying process and a rehearsal of the dying event. The orgastic state that produces feelings of ecstasy is a surrendering to the involuntary and to the unknown. Orgasm requires giving ourselves over to what is occurring in us. Our mundane awareness has to allow this surrendering. The orgastic state also produces feelings of dying, raises fears of dying, because the social awareness may be threatened by the involuntary. The build-up of excitation, the build-up of involuntary movement, the social awareness surrendering more and more to the dominance of the involuntary, then the peak, then the brief loss of consciousness which Wilhelm Reich describes as the feeling of being in the cosmos, without boundaries, without containment, and then the slow coming back is accompanied for many people by a fear of dying or a partial desire to avoid the experience. All descriptions I have read or heard of the orgastic state cite feelings of melting away, of being at one with, of not knowing where one has gone at a certain point. These reports, together with Reich's writings and my own experience have given me the clues that dying may be orgastic. There may be a link between dying and orgasm, dying and sexuality. How we allow or inhibit our orgastic experiences may be deeply related to our dying.

The orgastic model presupposes a build-up of energy until a peak is reached, discharge at the peak and then a diminution of energy. This model is achieved in the body through the combination of many rhythms coming together in harmony: the respiratory rate escalates; muscular coordination increases; the energy level increases; feelings and sensations are more intensely perceived. All these rhythms become more harmonious as they increase in intensity. They tend to sweep each other along, summating together. The rhythms of the body begin to find their way into the general pattern of excitation. Eventually there can be a unitary expression of the organism — complete involuntary participation in an event leading toward discharge.

The dying event is also the summation of many rhythms. But it's a kind of summation in reverse. The organism is in a continual state of excitation, but the amount of charge begins to even out. Expansion and contraction, inhalation and exhalation, excitation and diminution, opening up and closing down, illuminating the world then retreating to assimilate the world — all these biological patterns are evening out, becoming less and less close together. Many of the involuntary movements of the organism in the dying event, like defecation, getting an erection, body twitching, the tongue hanging out, the eyes rolling, are attempts to release energy, to give up excitation, to discharge, and allow the rhythms of life to find a continuum of expression. These rhythms seem arhythmical, disconnected; they do not summate together. Their pattern is the orgasmic pattern. Its outline can be seen even in sudden deaths.

Excitation, high-peaking, release in expression, assimilation, union — these stages are visible in every process of living. For example, fear is a high energy state that, true to this pattern, wants to come to completion. Therefore you don't explain fears away, you experience them, you integrate them, you let them go to their end. In the same way, pain, anxiety and other energy states can find resolution. The energy is expended in experiencing, fusion and completeness. We may be so attached to social or psychological roles that we may want to inhibit them from coming to an end. In this way, the high energy state — pain, terror, anxiety or whatever — is perpetuated. From this point of view — the energetic patterns of life — we can understand the necessity for endedness.

Looking at this process another way, I see that a woman who is pregnant always finds she is involuntarily preparing for birth. The organism deeply understands what to do. The whole body is programmed to make for pregnancy, for the growth of the fetus and for the eventual delivery of the child. Breathing patterns are prepared, stretching patterns are initiated, feeling responses change. The whole organism gears up for the event.

I think the same thing holds true in dying. The organism understands how to die. We can facilitate or inhibit the process. One of the interesting things is that the organism has a feedback mechanism for self-correction. We can learn to write another myth. We can play a part in the creation or evolution of our lives. That's the meaning of our brain, of our destiny, of being able to apply knowledge to change the world. We can help regulate our processes. We can create our lives.

Self Dialogues

The dying event is a special time in which we begin to resolve unendedness. Aspects of the person that have been unexpressed or unlived now can be free to express themselves. These many needs may not make themselves known in words or pictures. The dying event may be marked as an experience in sensations, moods, feelings, pulsation, vibrations and other perceptions not part of one's mundane awareness.

It could be said that long, lingering dying tends to occur in people who refuse to let some aspects of themselves find expression or who try to insist that one aspect or a small number of aspects maintain the upper hand at all costs. Or it could be that the person experiences the dying event pleasurably, and is attempting to extend it. It could be said that the length of one's dying event is related to the speed of inner resolution among all the unexpressed aspects of himself. And it could be posited that pain in dying results from resistance toward one aspect's attempt at expression.

I wonder if one can die only when all of the self is in harmony about dying. Or the opposite possibility: one dies suddenly as an expression of distress from one unheeded or ignored aspect to the others. In either case, I assume one can gain access to the template of his dying program to the extent that he can establish and maintain contact with non-verbal aspects of himself and let those aspects have expression in his life.

Self dialogues give the many sides of the self a chance to express themselves. Self dialoguing encourages the social aspect to surrender its position of domination up to other aspects. The self dialogue gives value to the what or how of our endings, a way to the unlived or unevoked; it makes senselessness obsolete, a way for revealing one's programs, a way of reading one's secret messages and a way that the dying person can derive meaning and purpose in their dying.

Self dialogues are simply how we talk to ourselves about ourselves, and how this talking is expressed through memories, feelings, sensations, images and character roles. Self dialogues are also how we make our mythology, how we teach ourselves, how we maintain or break up our boundaries, how we maintain or break up our sense of continuity, and how we discover and incorporate or deny the unexpected. Self dialogues are patterns, programs and scripts which feel right to us, determine our uniqueness and form our judgments. These patterns fall into two categories: there are social programs, which include rules about contact with ourselves and with others, how we have been taught to behave and the roles we are taught to play; there are biological programs, which include all those behavior patterns that have been given to or built into the organism — breathing, eating, digestion and elimination, sleep, sexuality, birth, dying and the functions of the autonomous nervous system.

Most people find themselves in their dying situation unexpectedly because they have avoided making contact with, or didn't know how to sustain or develop connectedness to their biological scripts. For instance, the visceral aspect may have been telling the neural aspect, "I'm ready to die now," or the neural aspect may have been frightened because it's afraid for its life, or it may have ignored the visceral aspect so long it didn't recognize it. And now the person is in the hospital with a very debilitated body wondering what's going on and believing that death has cut them down suddenly and unmercifully. And of course this attitude is reinforced by the family and by the doctors, since none of these people can be really aware of what's been going on in the dying person's myth. In this sense, the dying person's debilitated body is just the tip of their own iceberg.

Or it may be that the brain started to tell the social self, "You're going to die so tell the stomach to start dying," like the person holding a gun to their own head. And then one of the aspects, the brain or the visceral, got very freaky and said, "I'm not ready." Dying can be as a signal from one aspect of the self to another. When some of the aspects are not on speaking terms, one aspect may get very anxious about it while another does not.

Most people try to solve their problems by thinking things through, by imagining alternatives or by putting themselves in another person's shoes. This is one way to attempt a self dialogue, but it can leave one dissatisfied. It usually means that one side of us gets its way by effectively shutting off our needs or the protests of other inner aspects — either by judging, by being reasonable, or by self-intimidation. A solution is reached but one remains slightly dissatisfied because the stifled aspect did not get the chance to answer back or to defend itself.

Developing a self dialogue is learning how to arrive at solutions by letting every aspect have its say, so that the solution is a true resolution of one's deeper scripts. To identify all the inner characters, see what each has to say, what are their differences and whether there can be a conversation among them is to create a new synthesis in one's self-understanding and new possibilities for life expression.

I think of my self as being governed by a board of directors, without a permanent chairman. All the identifiable characters of my self have a seat, and new characters are always welcome. Looking around my board, I see the arguer, the reasoner, the sensible one, the justifier, the punisher, the lover, the religious one, the mother, and the father. In one day I might play a few or all of these roles, or more.

I also identify my feelings, which communicate through emotion, and my sensations, which communicate at any point in my body through temperature changes, small motions, pressure changes, weight changes, etc. Then I can identify my images which are expressed through pictures and visions, and my dreams which communicate with words, pictures, feelings, sensations and memories when I sleep. There is also my memory, that uses words, pictures, feelings and sensations to recall social and personal events. Then there is my biological director, which controls all involuntary body functioning and which defines my physical boundaries in the world, and that communicates with patterns of movement and with my imitation or adoption of other people's voices and gestures. I also count my sexual part, the urge to reproduction and to orgasm, and my universal aspect, that part of me connected with all the people who have ever lived or now live and with the life force, and which can find expression through the wisdom of the genetic code and through the manifestation of guides at the deepest levels of my being.

These are the regular members, but as I want to emphasize, there are plenty of chairs around for new members or unusual members who may show up in unusual circumstances, who may appear only once, or whose appearance may signal a whole new cycle of events. Also, this cast of characters is not intended to be definitive; it is in fact purposefully sketchy in order not to categorize or restrict experience, only stimulate it. Notice that only the first two of these board members communicate with words. That means that most of the aspects of myself are non-verbal. I function mostly outside the framework of mundane activity our society delineates as the hallmark of livelihood.

In other words, my organism has a logic of its own, an intelligence of its own, a mode of reasoning based on awareness. The affirmation of my life as process is expressed through all the members of my board when I identify with them all. It is the unfolding of their interaction that I call my mythology. Just as sometimes one member will be chairman of the board and sometimes another, so sometimes I will feel identified with my ego aspect or with a certain social role — such as the father — and other times I will feel identified with my feeling aspect or my dreaming aspect or my sexual aspect.

For the dying person, living their myth means realizing that *they are their own death,* they have chosen it, and that they are more than "consciousness," or body, or social roles, which must be ended in dying.

The ego aspect says "I" and thereby lays claim to the entire organism. The social aspect supports the ego's claim. These two verbal aspects try to overrule the rest of the board members and deny organismic process. Such is the nature of socialization that it interrupts and overrides the regular functioning of one's inner scripts. But this functioning is the ritual of the organism's existence. Simple examples are: going to sleep at night and getting up in the morning, breathing in and breathing out, getting hungry and feeling nourished, getting fatigued and becoming rested, getting sexually excited then releasing into orgasm. When one begins to let these events impinge on himself, process begins to alter social programming.

Process reveals itself by the events of your life, some of which are ritualistic and recurring, some of which are not — called spontaneous. Increasing experience of process moves your attention away from the ego and the social aspect. You begin to discriminate the life of your body from the roles of the society.

For example, fatigue is a message to rest from the visceral aspect that breaks into your awareness when your social self is holding your attention. At the time you may be in the middle of a spirited conversation, or concentrating on some part of your job, or driving through traffic. Fatigue is a strong message which, if ignored, leads to illness.

The fatigue message first begins as a dialogue between the visceral self and the social self. It grows from the social self ignoring or disregarding or overriding this dialogue. Fatigue is therefore a door to a part of one's self which you may enter by concentrating on your feelings.

The society calls business, scientific and other established social roles normal life. This may make you believe that what does not fit this scheme is crazy, bad or frightening. But this judgment is made only by the introjected social critic. This judgment is one of the dominators or tyrannicalizers of our board meetings. To know this is to begin to alter social conditioning.

Each board member is a euphemism for many complex processes. Just as your ego or social self expresses itself in a myriad of ways, so too the feeling self has a wide spectrum of feelings and memories. In fact, each board member has a natural range of feelings and actions. You may know your feeling aspect through sadness one day and anger the next. You may experience the dreamer in you through a nightmare. Or you may meet the action self through shoulder tension. Each of us has these many selves and more.

Developing Self Dialogues

Developing self dialogues does not mean analyzing yourself, criticizing yourself or problem solving; nor is it attempting to resolve conflicts. Process is the interaction of all of our living selves. The goal is experiencing ourselves in all our biological richness.

Aspects of the self do not exist in isolation, but in interaction. One does not experience a single aspect of self apart from others, but it's possible to experience their pattern of cooperation or non-cooperation.

I think of a client who told me he felt sad but didn't know why. I explained to him how he might make contact with whatever his sadness was connected to, which might reveal part of his script. After several weeks he told me his feeling of sadness reminded him of his girlfriend and of his mother. Months later, he commented that his feeling of sadness told him about the way he saw the world and the way he responded to it. He realized that he saw women as helpless, and responded with sadness. He found out through this experience something of his script about women, and about his sense of sadness.

Developing a self dialogue is a way to connect with aspects of experience that are unverbalized, unpictured and uncategorized. These aspects seem to be a direct knowing or experiencing. They are experiences we live but can't explain. Compared to a stage play, the introduction of each character into the body of the play could be the introduction of each unspoken desire, feeling and need. These characters' interactions are reflected on the stage of our imagination, our dreamlife and our experiences.

Developing self dialogues is holding a conversation with our board members, a conversation without words, a conversation in which silent or unknown parts of ourselves begin to speak.

Ego aspects show up as goals and self-recognition patterns. This is the part that always seems to create dualities, to measure things, to be compared to, to evaluate events as good or bad, and that creates or relinquishes boundaries. This aspect may show up in dreams in a consistent role, always doing the same activity or always the self behind the eyes that "see" the dream.

The social aspect is that part that internalizes and acts out social roles as though they were created from within. This aspect is concerned with "proper" behavior. Techniques of bioenergetics and gestalt therapy have successfully pointed out how one acts out the mother or the father, the protector and the punisher, the arguer, the martyr, the rebel and so on.

The dreamer in us is a direct conduit to the life of our deeper selves. Dreams are very complex and open to many possible interpretations. People who are patient enough to keep dream journals over a period of years begin to see patterns emerge from this rich terrain. At least one culture, the Senoi of the South Pacific, are famous for constructing their society around their dream life. The structure of Jungian therapy is systematic dream analysis and interpretation — a very intense process over a period of time. Look for patterns in your dreams. It helps to describe them regularly to a friend.

How do you fall asleep? How is falling asleep different from ordinary awareness? See how far down you can follow the process before sleep overtakes you. Notice your attitudes and

sensations. Is there a pattern to going to sleep?
Do you have a special ritual you use or a special
space you enter? If so, see what you can find out
about these habits without altering or evaluating
them.

When you lie on the floor, then stand up,
what keeps you from falling back to the floor?
Your muscles and bones? Your "decision" to
remain standing? As you stand, how many
muscles in your body can you relax without falling? Many people prevent anxiety through
muscular contractions. Patterns of these contractions relative to standing can be learned and
even passed down from parent to child. These
contractions are attitudes that form part of our
personality. If you are aware or can become
aware of a gesture or a facial expression you
automatically make "just like Mom" or "the way
Dad did it," you will have discovered one example of a silent self dialogue and will be learning
how you create your body attitudes.

Western medicine has always assumed people could have no influence over involuntary or
autonomic systems of the body such as heartbeat,
temperature and blood pressure. Studies of
stress and the development of bio-feedback
training have recently changed that opinion.
Studies of the breath by such people as

Alexander Lowen, Wilhelm Reich, and Karl-
fried Durckhiem have tried to encourage the expression and emotion of the body.

By lying quietly, eyes closed, what quality of
feeling comes from your breathing and your
pulse? This will help you experience your body
from inside toward the surface. Sensations, feelings and qualities of excitation will spread in a
pattern to different parts of the body, giving rise
to urges and images of action, letting us build the
language of our story.

Connecting with ourselves in this way
focuses us, giving a sharpened experience of
ourselves and defining our mythology. As my
friend Sam Bois, the semanticist, wrote me in
response to reading a draft of this book: "In
accepting new experience and formulating it to
myself, I enter a new world that I have created
out of which I emerge different."

Changing Perceptions

There is not just one way of being alive. Life, in the words of Bois, is multi-ordinal.* Life is experienced on many levels. Each level has its own unique range or spectrum of experience, its own validity. Each level has autonomy and cannot be dismissed or reinterpreted by another level.

When I say "go to sleep" and watch myself leave the awake world, I enter another, one with a different time and a different space. This dream world is not unreal. It is a particular kind of reality, different from ordinary reality.

It took a long time to learn the language of little dying. I had to differentiate between observing it and experiencing it. Our common system of knowledge is based upon the idea of distancing ourselves from an object in order to learn about it. We practice gaining knowledge through distance and observation. But we're part of an evolution toward a new subjectivity. We are

*The Art of Awareness, Wm. C. Brown Co., 1966.

moving, as a culture, further and further away from the old scientific, distanced way of making objects of the world. We are moving toward more participation in it.

Once I discovered that many of my fears of dying were related to programmed observations, I began to establish the connection that the socialized world teaches us to perceive living in a particular way. We are encouraged to agree, to act "as if" this is true. We then resist having this "civilized" world picture altered; we fear being crazy. We are unprepared for a life of changing experiences and perceptions. Any deviation is threatening. So we tend to dismiss unusual experiences, belittle and devalue the unusual as not being reliable, as not presenting a true picture. Few of us have been willing to be different.

Dying is entering another order of perceptions, a realm that is with us all the time, but is usually denied. Our sense of time, space, emotion and relationships must get altered. Dying can be exciting if you value moving toward the unknown.

Traveling in an auto, I was struck broadside by another one. I was thrown from the car. In a sudden moment everything became magnified; there was an incredible and indelible sense of detail. Time was a slow motioned focused close up, a panorama of vibrant color and sound. All ordinariness was gone. I was totally immersed in and aware of these immediate events which could have been my last moments of life. I was without fear, I was in wrap-around perception. I must say it was beautiful.

An old Gregory Peck/Alfred Hitchcock movie ends when Peck is shot down. We see him fall, then the camera shifts quickly to look out and up through his dying eyes. The circular stairway overhead, which he has just descended, begins to spin and fade. A spinning, falling, a shrinking, receding image, endeavors to capture this dimension of expression, to give an immediacy of what dying may be like not different from my experience in the auto accident.

Most people recognize their lives entirely in a world of symbols — words, thoughts, other verbal concepts. But everyone, whether they can recognize it or not, lives within a patina or pattern of sensations, images, fantasies and various configurations of feelings that are not verbal. Connecting with this non-verbal existence challenges our accepted, institutionalized, social world view.

We fear losing our known world to unfamiliar sensations and feelings. We hinder ourselves from being overwhelmed. Sometimes when friends tell me of a new experience, and of their fear of being overwhelmed by it, I ask them to tell me what is the place they are afraid of not being able to get back to? Where are they now that makes them think this is a place worth not losing? What is it like to be in transition between the known and the unknown?

When I am leading a group of people, someone usually will tell me that they feel nothing. I remind them that nothing is also an experience. What is this perception of nothing like — anesthesia? Let it speak. The experience of nothing, as well as any other unusual perception, can be a bridge, can be the very tool to more connection with the self. To feel nothing may be a statement of where we wish we were, or of what frightens us. From this nothing something can grow. These perceptions may or may not be what your dying will be like, but they may give you some hint of the unknown and how you accept or reject it.

Living your dying is being able to accept changing perceptions as a real part of self-experience. To accept an unusual experience without fear of judgment can mean going against the cultural model, but it allows us to affirm what is rather than what should be. Mountain climbers who have fallen hundreds of feet into snowbanks later related that their entire life flashed before them in great detail during the fall. Last year in California a 17 year-old skydiver jumped from a plane, then both of his chutes failed to open. He fell several thousand feet onto the asphalt runway, and survived with only a broken nose. He reported the same "hallucinatory" experience — his life flashing by as if in review.

A mathematician I worked with was lying down once when he suddenly appeared to stop breathing. He looked lifeless, as though in a trance. I called to him. Finally he roused himself. He told me he was enjoying quite a pleasurable wonderful feeling. He knew of my concern, was aware of me, but wanted the reverie he had uncovered. Thinking about this, I tried the following experiment. I imagined that the room was moving away, as though being at the end of a tunnel. Sounds seemed to travel over a great distance before reaching my ears. Noises seemed to echo and to spin me. The tunnel was a vortex distancing me from the world. I was shrinking, becoming smaller, spinning around and around like going down the drain of a bathtub. I sensed that the world was receding.

I got small, ten years old. Seven years. Then three years. Smaller still. I was a dot in space, a being unborn. There was a parade of light streaming through the darkness. Void. Then a flash; suddenly I expanded. Rapidly I grew bigger and bigger. Bigger than the room. Bigger than the house. Bigger than a block of houses.

Changing experiences are process — they either expand or explode the world, or shrink and break contact with it. Changing perceptions do not mean I am ill or insane. If I am losing my mind I will not have nothing when it is lost. But what I may be may not fit the cultural definition of normal or usual.

The culture tells us to hook our lives to memory and to projection. Thus we cling to the past or the future and compare it with the present. Experience tells me life is process. My changing, growing perceptions help separate out the society's mythology of dying and cultivate my own experience, my personal mythology.

Imagine a flow, or a stream, a jet of water, moving inside yourself, whether it starts in the belly or the head makes no difference. This flow of water or rain or sun or electricity moves through you as a stream of excitation, of excited light. As you imagine it moving, differentiate in your body between imagining it and experiencing it. "Ah, I imagine it, I see a picture, or whatever. I also feel it, I can localize it in me." Is there a separation of this imagination from you? Separate thinking about it from experiencing it. Can you separate out what is occurring from the pictures and the conceptions you have? Can you accept this type of experience?

If you will, be this flow of excitation now. What do you say to you? When I did I found my excitement to be of high intensity or low, sharp or dull. It came and went. It was all over me, resonating my head, my body. At this point I had no images, no thoughts, no conceptions. I was an ocean, a resonating pattern of excitation, a pulsating, a vibrating. This was my space where I was without boundaries. Perhaps dying, in a similar way, can be the willingness to be alive without any images or boundaries of what death might be.

o want, we are
wish to enjoy.
vith which we
to endure, are
open-ended.

l undergone a
ns he almost
idn't you?''
I like living. I

I have chosen to be born and I will choose to die. What a relief. The burden of my being a victim, hunted by death, vanishes. There are aspects of me that are willing to end at any moment and others that are not. I live out many endings in my life's story. The decision to die is made to avoid dying mechanically, routinely, just another death, not my end. I want an ending like my life, wherein I am not just carried by the stream of life like the current in a river. I think of the Kabbalistic teaching that a man has to learn to swim upstream against the current or he never knows who he is. The ability to say no, to inhibit the flow of excitation, the flow of life, guarantees individuality. The desire to die is the willingness to live my life and my dying. In this sense, my ending is a suicide.

This kind of thinking is taboo. This act is called self-murder. So I agree to let others kill me, or I pretend I let myself die. We all know more about dying than we care to or want to admit. The extreme of this attitude is that we kill ourselves voluntarily. Either the culture kills me or I end myself.

The desire to die is in everybody and comes up in everybody sooner or later. It springs from the organism with a lively thrust. It is a healthy passion, a natural passion, the same as sexual desire. It grows from within us, we inherit it. Our genetic code knows about dying; it knows how to end and even under what circumstances when to get started. The question of suicide comes down to: "Do I have to admit to myself that I want to die before I am a suicide?"

We limit the responsibility we are willing to take for our lives to a narrow range of decisions. Only actions committed in violation of these narrow bounds are culpable. We allow so-called natural dying but not self-dying. We admit we die, but not that we terminate ourselves. We can allow others to take our lives, but we prohibit ourselves from overtly ending ourselves.

A psychiatrist friend told me of a black woman with TB who lived in total poverty and despair in Georgia. Somehow she got in a very famous hospital for chest diseases in Colorado, where she made a very good recovery. However, the better she got the more anxious she became. The threat of going back to the life style of her past, and her inability to stay in Denver with no skills or money, was devastating for her. She kept saying, "Mabel is going to die," over and over. She died over a two week period. An autopsy showed there was no pathology to cause death. One could say Mabel died of despair. There were no alternatives she could live with, she could not be sick, she could not be well. She got the love and care she needed, but would not get it any more. She did not know how to get it. In this turning point, in the loss of her caring, her feelings of helplessness and her actual helplessness set up a state of hopelessness, that her brain must have recognized as a situation that called for death. She could not and did not extend herself. She chose a congealing dying. She was helpless. She accurately predicted her own death. She acted on her desire to die. She was not passive, she was a suicide, an active dier, ender.

The myth is that death is an enemy to be overcome, that it gets you sooner or later, and that it is intrinsically evil. Nowhere is violent death openly advocated as our preferred way to die. Persons who live out this mythology in their deaths receive such rewards as the culture can give. They died "bravely," "heroically," "after a long struggle," "meaningfully" and so on and they get bronze plaques.

In a culture that offers so many positive rewards for undergoing stress, such as social prominence, high salaries, fancy lifestyles and power, it can be argued that deaths from stress diseases (high blood pressure, certain kinds of heart disease and many rare diseases) are cultural deaths. Perhaps suicide, the desire to die, is condemned because it denies the twin myths of human productivity and cultural advancement. We need compulsive, achievement-oriented workers to maintain our social goals. The decision to die strikes at the very heart of this need. Persons who embrace the culture's values and succeed in their lives on its terms may be said to be living the culture's life. They may also have to live its death. The newspapers are full of examples.

The decision to live your own dying is the decision to reserve the right to end yourself. It is the decision to accept responsibility for your living and your dying. It is the decision to make contact with your living, your dying.

In other times and other cultures we find excellent precedent for taking one's life in one's hands. Quoting St. Thomas' *Summa Theologica:* "If you read in the Gospels it says 'Christ cried out in a loud voice and He bowed His head and He died'." St. Thomas was stating that Christ chose the moment of His death. He created His own death. He was not passive in the face of death. Death did not come to get Him. Christ defied the mythology that death comes to get you. Christ chose this martyrdom and He knew it. There are many statements in the Bible showing that Christ understood His dying style and lived it.

Christ gave Himself the command to free His spirit, to surrender His being, or whatever language He used. I give myself the command to disintegrate. I give myself the command to go to sleep and to die. To end.

In the past, Eskimos lived in a controlled environment, where their food supply was strictly limited. At a certain age everyone went out into the snow to freeze. Here were a people who successfully condoned suicide without morbidity.

There are many examples of Buddhists dying in meditation, examples that make it abundantly clear that they chose the style of their dying, and often times the time of their death as well. Philip Kapleau, in *The Wheel of Death*, recounts many stories of these voluntary suicides.

It is my opinion that a person is ready to end, or the dying process really gathers momentum, when they feel that their experiences have reached a point where they can't expand, or can't be assimilated as action in the world. We may be ready to die because we have lived our lives out, we have lived our existence. We have filled our space, and now we remove ourselves from that space.

The willingness to live my own dying is my willingness to take the power over my death away from the institutions: the doctors, the lawyers, the morticians. It also means the willingness to become aware of social dying programs that I am living, and avoiding or overriding them. And it means the willingness to know that dying is me and that I have my own dying program.

Suicide does not have to mean jumping from windows any more than it has to be voluntary. But suicide can be the ultimate affirmation of human freedom. It can also be a way of rejecting a death one is afraid of and a way of affirming choice. Suicide can be a deeply religious act.

Two people I knew who had lived together for a long time in a very creative relationship that had many mutual dependencies were suddenly faced with a terrible dilemma. The woman developed a serious debilitating illness the history of which was increasing pain and helplessness. She was then in her seventies. Facing her diminishing future squarely, she took it upon herself to straighten out her social affairs, in order that she could end her life with dignity. She hoped to avoid most of the culture's way of dying her kind of death, in a hospital all doped up. Instead she chose a way of ending which was to collect herself and avoid a lingering withdrawal from the world.

Her husband, a creative man in good health, decided he would rather die with his wife than survive her. He wished to maintain his bond with her. He did not want to bear the pain and loneliness of her loss and the difficulites of forming new relationships. He, too, chose his style of dying.

Together they quietly finished their social affairs, dressed and took sleeping pills. Their dying was a surprise to their friends and relatives, but they had planned it thoroughly and it occurred without morbidity. They could die as living — their dying was their living. Mabel died but never knew she could do her own dying, never knew she could find ways to be alive while dying. Participating and non-participating are the differences between the animal world and the human. Submission or participation. We can alter our circumstances; animals cannot.

There is one world and many. We live in one world. We can live in many. There is not one body, there are many. We do not die in one world but in many. The world(s) we live in is the world(s) we die in. I know at least four; each has a self, a body. There's a mechanical world of biochemical and anatomical structure. There's a vegetable world with its tree-like blood system and nervous system. There's an animal world, the emotional world. And there's the human world of created values and relationships. We live in all these worlds. The first three are given; the human one we enter and create. We all become human and more or less develop our humanness.

Each of these worlds has its own way of

dying with its own imagery, either determined or capable of being created. I'm saying that in the first three worlds death is a given, an inescapable predetermined event. In the machine world parts break down. Structure collapses. In the vegetable world cycles of growth lead to blossom and decay. In the animal world, the world of emotions and instinct, dying is either fearful or accepted. Animals die their fate, but they don't make it. In the human world we have the chance to make our fate, and to die it.

Reincarnation and a life hereafter seem to me to be a part of the vegetable world. But the question is not whether there is a life hereafter. The statement really is that we can choose to create and discover our own vision of the world and live it as we can, without dogma.

The brain mind operates by duplication, evidence and proof. In the realm of self-experiencing there is knowing without the need for proof. We have the choice to live either of these realms, or both. Taking our experience seriously in whatever realm it appears is living our life and its dying.

In waking and sleeping, the arena of volition is a thin line. I decide to go to sleep each night, but if I didn't, exhaustion would claim me anyway. I think of the childhood prayer: "Now I lay me down to sleep / I pray the Lord my soul to keep / And if I die before I wake / I pray the Lord my soul to take." Sleep is a drill, a voluntary surrender to the unknown. Sleep is a little dying, an ending.

The decision to integrate our dying style, to not fear dying as a viable alternative, strengthens our life. Life grows richer; not more morbid. Dying can be morbid for many people or a rationalized defeatism. This is resignation. The person who loves life, who participates in their dying, can risk living creatively and dying so.

The knowledge of dying is an expression of living, of healthy-mindedness, as we integrate and expand ourselves. Life is living, unaccountable varieties of living. The discovery that we end ourselves leaves the door open to living our lives and creating the known out of the unknown. Even death shaped by us.

Merging

Our dying gives our experience an intensity, an immediacy, a seriousness and an innocence that we have never known, or have forgotten. It's been my experience with people that the intensity and the vividness of the perception which is their life scares them. Most of the great mystics and saints talk about the exquisiteness of their experiencing and of their discovery, as Blake said, of the world in a grain of sand. Dying again returns us to this lingering of our senses, our emotions and events in the appreciation of the life we are in. Imagination cannot take us there; it can only prepare us for the event.

When we step out of our social roles, when we disengage ourselves from our programmed fears, when we immerse ourselves in the river of self-experiencing, we are bathed, merged in the non-verbal, non-conceptual, non-visual, non-idealistic world. We are indeed in the sea of creation. We are the sea from which we create our own lives. When you find your own answers, it is you.

The Center for Energetic Studies

The Center for Energetic Studies, under the direction of Stanley Keleman, seeks to structure a modern contemplative approach to self-knowing and living in which one's own subjective process gives birth to a set of values which then guides the whole of one's life. Today's values are increasingly divorced from our deepest processes, and bodily experience has been misunderstood and relegated to second place.

Somatic reality is an emotional reality that is much larger than innate genetic patterns of behavior. Emotional reality and biological ground are the same and cannot, in any way, be separated or distinguished. Biological ground also means gender, the male and female responses that are innate to human life, the sexual identity with which we are born. Somatic reality is at the very core of existence, the source of our deepest religious feelings and psychological perceptions.

Classes and programs at the Center offer a psycho-physical practicum that brings to use the basic ways a person learns. The key issue is *how* we use ourselves — learning the language of how viscera and brain use muscle to create behavior. These classes teach the essential somatic aspect of all roles and dramatize the possibilities of action to deepen the sense of connection to the many worlds in which all of us participate.

For further information, write to:
Center for Energetic Studies
2045 Francisco Street
Berkeley, California 94709

About the Author

Stanley Keleman is a pioneer in the study of the body and its connection to the emotional, psychological, sexual, and imaginative aspects of human experience. He has been practicing and developing somatic psychology for over thirty years. Born in Brooklyn, he now lives in Berkeley, California with his wife and two daughters. He maintains a private and group practice and is director of the Center for Energetic Studies.

100 preguntas
y respuestas para ser
mejores padres

Nora Rodríguez

Primera edición: mayo de 2018

© del texto: Nora Rodríguez
Publicado de acuerdo con Zarana Agencia Literaria

© de la edición:
9 Grupo Editorial
Lectio Ediciones
C/ Muntaner 200, ático 8ª – 08036 Barcelona
Tel. 977 60 25 91 – 93 363 08 23
lectio@lectio.es
www.lectio.es

Composición y montaje: 3 x Tres

Impresión: Romanyà-Valls, SA

ISBN: 978-84-16918-38-6

DL T 193-2018

ÍNDICE

AGRADECIMIENTOS

RECOPILACIÓN DE LAS PREGUNTAS QUE FRECUENTEMENTE ME HACEN
LOS PADRES

Diversos estudios han demostrado que es vital conocer las necesidades de los hijos en cada etapa de crecimiento para crear contextos y vínculos que les permitan ser realmente felices. Estar atentos a las diferentes necesidades emocionales y materiales es solo un aspecto del acto de educarles, también resulta imprescindible conocer cómo cambian sus emociones y su manera de comprender el mundo en las diferentes etapas que marcan la infancia. De hecho, el ejercicio de cuidar, proteger, educar, ayudar a socializar, cuidar la salud y la vida emocional e espiritual de los hijos, si bien requiere de disponibilidad, implica hacer ajustes educativos a medida que crecen, dando prioridad a aquellos aspectos que hay que reforzar en cada etapa porque evolutivamente son necesarios para su desarrollo, especialmente desde el punto de vista emocional. Ahí la razón de este libro.

100 preguntas y respuestas para ser mejores padres no es solo un libro para aclarar dudas cuando los padres son primerizos, es una propuesta educativa diferentes porque se tienen en cuenta las emociones de los niños teniendo en cuenta las diferentes etapas evolutivas que se suceden desde el nacimiento hasta los doce años. El ejercicio de una marentalidad y parentalidad positiva, independientemente de las características temperamentales de los hijos, o del tipo de familia en la que el niño o la niña crezca, siempre será el resultado de mantener una alta capacidad de cuidados y preparación psicológica y emocional para cuidarles, a fin de que tengan una existencia feliz, sana y resiliente, percibiendo que cada etapa es maravillosa. Pero también preparándolos para una preadolescencia y adolescencia en la que se perciban fortalecidos para afrontar la vida en una sociedad diferente de la que vivieron los adultos que les educan.

01 / 100

¿POR QUÉ SON TAN IMPORTANTES LAS PRIMERAS HORAS POSTERIORES AL NACIMIENTO?

Durante los instantes posteriores al nacimiento los recién nacidos sienten la imperiosa necesidad de adaptarse a un espacio diferente. El contacto piel a piel y de la empatía afectiva de la madre serán determinantes. Para el bebé, dejar un lugar cálido y seguro y sobrevivir en un mundo donde hay ruidos, calor, frío, tal vez dolor, no cs fácil, así que habrá que acudir al mejor regulador sensorial externo, el "mejor lugar" donde estar durante los primeros minutos u horas posteriores al nacimiento, que es la madre. La madre es quien posibilita la continuidad mediante su cuerpo como lugar de contacto. También desde el punto de vista neurobiológico, porque en ese encuentro permite más conexiones neuronales. Independientemente de lo rápido o lento, lo difícil o fácil que haya sido el parto, cada bebé pondrá en marcha sus recursos para satisfacer sus necesidades, y obtener provisiones, ¡y las hormonas de la madre se pondrán en marcha! Una sinfonía conjunta para el cuidado y la protección del nuevo ser. Esta necesidad de apego, propia de nuestra especie, fue demostrada por el psicólogo Harry Harlow (1095-1981), quien después de elegir a una camada de monos hambrientos recién nacidos los ubicó junto a dos "madres sustitutas": una, construida de alambre que proporcionaba alimento; y otra, construida de tela, una tela cálida. Los monos tendieron a ir a la segunda porque les proporcionaba calor, incluso cuando se sentían asustados o después de estar unos breves instantes con la otra tan solo para comer. Demostró que para todos los mamíferos, incluido el ser humano, el contacto emocional es fundamental para sobrevivir, tanto o más que el alimento. El apego permite al bebé sentirse seguro y crecer equilibradamente, lo que Hallow llamó "la naturaleza del amor".

02 / 100

¿QUÉ SE ENTIENDE POR APEGO SEGURO?

El apego es una necesidad de supervivencia que permite no solo formar vínculos afectivos estrechos entre la madre y el hijo, sino que le permite a la madre proporcionarle mejores cuidados mediante el conocimiento de las necesidades físicas, emocionales y psicológicas. La necesidad del bebé de estar con la mamá o con un cuidador permanente con quien sentirse confiado define la reciprocidad en las relaciones tempranas. El psicoanalista inglés John Bowlby demostró que en las conductas de apego del bebé humano no solo busca la proximidad o asirse a la madre, sino que promueve con su conducta la respuesta de esta (la mamá lo toca, lo sostiene, lo contiene, lo calma), por lo que debe considerarse un movimiento mutuo, circular, un regulador de la experiencia emocional. Ningún ser humano nace con la capacidad de amortiguar y regular las propias reacciones emocionales y el estrés, quien regula es la persona que cuida de la cría desde el momento del nacimiento. La persona que cuida ayuda autorregulando desde fuera, es decir, satisfaciendo las necesidades de supervivencia. Por el contrario, la ausencia de respuesta materna respecto del apego genera problemas de desarrollo en los bebés. El apego seguro, por lo tanto, es lo que promueve el efecto y una mejora integral del bebé, entretejiendo un vínculo emocional indestructible, un entramado afectivo intenso, duradero y genuino, gracias a la proximidad, a la seguridad, al placer de estar juntos, a la consciencia y reconocimiento de las necesidades por parte de la madre, lo que a su vez permite al bebé mantener un alto nivel de confianza en que todo irá bien, aunque le duela la barriga y se sienta mal.

03 / 100

¿CÓMO ORGANIZAR LA FAMILIA PARA QUE EL BEBÉ SE SIENTA CONFIADO?

Por fortuna, hoy se entiende más que nunca la importancia del cuidado de la madre para que sea esta quien permanezca apegada a su bebé. Es el efecto dominó, en su sentido emocional, creando un ambiente tranquilizador, así como una participación empática entre la pareja, mientras se promueven rituales amables, amorosos y atentos, relacionados con la comida, baño y sueño, promoviendo en el recién nacido una sensación de continuidad y bienestar para que ponga en marcha sus ritmos internos. Organizar la familia para que el bebé se sienta confiado implica no producir estrés innecesario, y para que la madre mantenga abierto el canal de comunicación sensorial entre ella y su hijo, descubriendo las señales únicas y particulares que su bebé le envía. De hecho, ha sido Peter A. Gorski, médico pediatra del desarrollo y comportamiento, quien descubrió que si un bebé está sometido a estrés porque los padres no comprenden sus códigos, las señales de su estado de ánimo o su estado físico, dicho estrés podría interferir en su capacidad o incapacidad para desarrollar respuestas adaptativas. En este sentido, es fácil comprender por qué, cuando se piensa en la organización familiar, hay que tener en cuenta que esta poco tiene que ver con proporcionarse una maravillosa cuna en una bonita habitación decorada.

04 / 100

¿UN BEBÉ PUEDE DORMIR CON LOS PADRES?

Así como cada niño es diferente, también lo es su sueño. Esto significa que cada niño va a intentar encontrar el mismo ritmo de sueño que tenía en su vida intrauterina, y ese es el primer ritmo que intentará recuperar, pero también lo perfeccionará con el tiempo, si le ayuda la madre.

De hecho, un error común es no solo creer que hay que "dormir al bebé", sino que cuanto antes duerma solo más independiente será. Pero nada más lejos de la realidad. Cuando la madre aprende a conocer al bebé y actúa como un regulador externo del bebé, este recupera su propio ritmo de sueño, en parte el que ya experimentaba antes de nacer. La tarea como madre o padre no es pues "enseñar a dormir" para que en algún momento pueda estar solo en su habitación, sino en poner los medios físicos y emocionales para influir positivamente en el hijo, a fin de que duerma sin dejar de ser un bebé feliz, hasta que llegue un momento en que estará preparado para dormir solo. Hoy se sabe que el sueño no es un hecho independiente de las emociones, y que todos los bebé poseen un instinto innato de supervivencia que los lleva a luchar (llorar, patalear, ponerse tensos, tener un berrinche) o a huir (aferrarse a las faldas de mamá, esconderse, bloquearse emocionalmente, dolor de estómago, náuseas) cuando algo para ellos funciona como una amenaza. Cuando la madre y el padre de un recién nacido asumen que su hijo se despertará por la noche varias veces y que se trata de un acto ancestral, una necesidad de la especie, y no intentan hacerlo dormir, rápidamente encontrará su propio ritmo de sueño, y no generará un exceso de cortisol, la hormona del estrés, simplemente porque sus padres se empeñan en que rápidamente cierre los ojos.

05 / 100

¿CUÁL ES EL MEJOR SISTEMA DE ALIMENTACIÓN?

Alimentar a un bebé es uno de los rituales más maravillosos y una experiencia única y enriquecedora que implica emocional y sensorialmente tanto a la madre como al hijo. Y no solo porque el acto de dar de comer no siempre es igual, sino porque ambos durante el proceso descubren aspectos nuevos de la relación. La lactancia materna es por esto la mejor opción, pero si no es posible, o si hay que cambiar de la lactancia materna porque el bebé no gana peso, no hay que dudar en dar alimentación por biberón. Pero si se alimenta por lactancia materna, la Organización Mundial de la Salud (OMS) para la salud y el desarrollo del niño recomiendan no usar chupetes, y alternar con biberones porque reducen el tiempo de succión, interfiriendo con la lactancia a demanda. Por otra parte, se ha comprobado también que al tomar un biberón tienen menos apetito y succionan menos, con lo que la madre acaba teniendo menos leche, y a menudo llega a sentirse frustrada si el objetivo es amamantar. Así y todo, sea cual sea el tipo de alimentación que se decida dar, cuando el bebé se niega a comer no siempre hay que pensar que la causa está en que el alimento es escaso en algún sentido. En primer lugar conviene observar otros aspectos relacionados con la comunicación madre-hijo, como reconocer las señales que envía el bebé durante el amamantamiento, las señales de placer o displacer que le envía su hijo mientras está siendo amamantado, si se detiene, si se encuentra cansado... Porque ello repercute no solo en lo referente a la alimentación, sino a la experiencia global de sentirse cuidado.

06 / 100

¿CÓMO ESTABLECER Y CAMBIAR RUTINAS?

Las rutinas ayudan a los niños a comprender la noción de tiempo. Primero, por medio de las rutinas aprenden a construir una idea de qué ocurrirá "antes de" o "después de" o "mientras tanto". Las rutinas, que les sirven también para adquirir hábitos, es decir, actividades que se hacen todos los días de la misma manera, les permiten desarrollar un esquema interno y una comprensión del mundo como un lugar predecible y seguro.

Los momentos de alimentación, de sueño, de higiene, de juego, cuando son bebés, no son muy diferentes de cómo gestionarán otros hábitos cuando sean mayores, pero para ello es importante que haya rutinas que no se modifiquen y otras que sí sean cambiadas a medida que crecen. Ahora bien, cuando una rutina es alterada, se puede cambiar siempre que el niño se sienta partícipe del cambio, ya que de lo contrario se sentirá inseguro. Él sabe qué se hace primero y qué se hace después. Por ejemplo, cambiar una rutina de sueño, como llevarlo a la cama más pronto porque empezará a ir a la guardería, implicará alterar otras rutinas, como bañarlo media hora antes, adelantar los masajes o la hora de darle la última comida. Ahora bien, si la rutina que se intenta cambiar es que el niño dormirá más temprano porque ha dejado de dormir siesta, por ejemplo, es fundamental que la alteración de la rutina sea progresiva. Es decir, acostarlo cada día diez o quince minutos antes hasta alcanzar la hora deseada.

07 / 100

¿CÓMO AYUDARLOS A QUE TENGAN UN SUEÑO PLACENTERO?

Diversos estudios han demostrado que existe una relación directa entre el sueño prenatal y el modo en que los niños duermen después de nacer. De ahí que las modernas investigaciones llevadas a cabo por la psicobiología perinatal, apoyada por pediatras, obstetras y neurólogos, considere que los cuidados del bebé antes del nacimiento son fundamentales porque, sin duda, inciden en el sueño. Lo que significa que cuidando la calidad de la atmósfera psíquica y emocional de la madre, su conexión armónica con el bebe que espera, incluso la posibilidad de los padres de crear un entorno físico y emocional que promueva la salud y el bienestar de sus hijos, estarían colaborando para que el futuro hijo tenga sueños placenteros. Resulta interesante como las mismas actividades de cuidado llevadas a cabo después del nacimiento son un bálsamo que les ayuda a dormir. A grandes rasgos, si la madre o el padre acariciaban la panza en la zona donde el bebé tenía apoyada la espalda, después del nacimiento las caricias en esa zona acompañadas de la voz de la madre serán increíblemente relajantes para él. Si se trata de un bebé, a menudo es interesante adquirir una cuna diseñada para dormir en proximidad, para que huela y oiga a los padres mientras logra el sueño. Del mismo modo, poner los medios para que un niño mayor descanse implica bajar al máximo los estresores del hogar a partir de las cinco de la tarde, como la televisión. Bajar la intensidad de las luces diez minutos antes de que se vaya a dormir.

08 / 100

¿QUIÉN ES MEJOR PARA CUIDAR AL BEBÉ CUANDO LOS PADRES NO PUEDEN HACERLO?

Sin duda, la mejor persona para cuidar de los hijos es quien le comprenda, respete, contenga, proteja y cuide, y si se trata de un niño menor de seis años, quien pueda promover una relación de apego seguro con el niño. Pero esto no es fácil de conseguir. Para la mayoría de las madres no resulta fácil separarse del hijo con tranquilidad para volver al trabajo. Si bien existen varias opciones sobre cómo y con quién dejarlo, pareciera que hay momentos en que ninguna opción se presenta como positiva. Lo mejor es una cuidadora profesional, una guardería o dejar al bebé con los abuelos. De hecho, no son pocas las parejas que optan por esta última cuando los abuelos cuentan con fuerza física, paciencia y capacidad para cuidar por ejemplo de un bebé que llora mucho porque tiene cólicos; con lo que las cuestiones de confianza y seguridad no lo son todo. Probablemente lo que mejor funcionará en estos casos es establecer unas pautas de cuidado que se cumplan tanto cuando está con los padres como si está con otras personas, ya que los niños pueden llegar a confundirse. Muchas abuelas y abuelos ciertamente están fascinados por compartir a los bebés con los padres, pero si hay conflictos entre los adultos, si hay roces, puede no ser tan interesante que los pequeños pasen con ellos unas horas. O cuando interfieren en la forma de educar de los padres, o bien queriendo hacer un tira y afloja para ver quién tiene más autoridad. Ante eso habrá que pensar en otras opciones, porque puede ser más cómodo pero no lo mejor para el bebé, que percibirá la tensión. Cuando de lo que se trate sea de elegir canguro, lo mejor será pasar con ella y el bebé que compartan algunas actividades y observar cómo se relaciona con el pequeño, y si este acepta los intercambios o la rechaza.

09 / 100

¿QUÉ TRUCOS LES AYUDAN A NO SUFRIR SI DEBEN QUEDARSE EN LA GUARDERÍA?

Según la Academia Americana de Pediatría, hay indicadores que sirven para saber si un niño está preparado para ir a la guardería y por lo tanto evitar situaciones de estrés. Entre ellos, si ve y oye bien, si tiene buena salud física, habilidades para cuidarse: vestirse, comer, lavarse y controlar esfínteres; comprende lo que se le dice y sabe seguir indicaciones de los adultos; si es capaz de ser independiente; o si tolera bien la frustración y los fallos. También si conoce su nombre y, en lo posible, el de sus padres. Hoy, sin embargo, los niños llegan a las salas de maternal mucho antes de haber conquistado estos logros. Llegan con cuatro o cinco meses, cuando aún deberían estar apegados a la madre o al padre. Como es de imaginar, la separación les genera mucho estrés, por lo que habría que formar a los padres y a las madres sobre cómo mantener un apego seguro aun en la distancia. Para empezar diremos que una de las premisas más importantes es que cuanto más dependientes de los padres sea un bebé, cuanto más contacto físico tenga mientras está con ellos, mejor soportará el tiempo que estará separado. Es decir, será más independiente si ha vivido al máximo su dependencia. Así que mientras el bebé esté con los padres, lo mejor es que esté apegado, que sea sostenido en brazos, promoviendo interacciones que generen placer, que activen las sustancias bioquímicas del placer, con contacto visual, sonriéndole, masajeándolo… Si el bebé tiene alrededor de 6 a 9 meses, hay juegos que ayudan a superar la separación, como taparle suavemente la carita con las manos y posteriormente separarlas diciéndole con entusiasmo: ¡aquí está! o jugar a esconderse tras una sabanita, y dejar que él la aparte para volver a sonreír juntos.

10 / 100

¿CÓMO APROVECHAR AL MÁXIMO EL TIEMPO EN QUE SE ESTÁ CON LOS HIJOS?

Pensar que no se está con los hijos todo lo que se quisiera suele hacer sentir culpables a muchas madres y padres. Sin embargo, para los niños, lo cierto es que no se trata de cantidad sino de calidad de tiempo. ¿O sirve de algo estar todo el día con ellos y hacerles sentir que molestan, que incordian o que se comportan de un modo insoportable y con esa excusa tratarlos con indiferencia? Para un hijo, una mirada de aceptación incondicional, sin juzgarlos, preocupándose sinceramente por cómo está, es suficiente si proviene de un sentimiento sincero y de unos momentos de exclusividad. Obviamente, también se trata de compartir otros momentos importantes en la vida de los hijos. Este es el decálogo que resulta interesante tener a mano, algunos padres lo han escrito en la agenda del teléfono móvil, a fin de cumplir al menos con tres o cuatro de estos ítems al día:

— Compartir al menos una comida al día con los hijos, incluyendo las meriendas y los desayunos.
— Demostrarle que estar con él o con ella es lo mejor que le ha pasado en el día.
— Acariciarle, abrazarle y estar disponible cuando le necesitan, dejando sus otras actividades no laborales para otro momento.
— Compartir con él o ella alguna actividad que sea del agrado de su hijo.
— Ayudarle en alguna de las tareas escolares.
— Ser usted quien apague la televisión para conversar más con él o ella. Escucharlo más y hablar menos, poniéndose en su lugar para comprenderlo mejor.

- Fomentar un diálogo centrado en principios.
- Reconocer y visibilizar las buenas acciones de su hijo.
- Potenciar lo positivo que hay en él.
- Compartir una actividad de ocio, distendida, simplemente por el placer de estar juntos.

11 / 100

¿ES RECOMENDABLE DEJAR LLORAR A LOS BEBÉS HASTA QUE SE CALMEN POR SÍ SOLOS?

Sin duda la respuesta es NO, en especial si se trata de un llanto de demanda, constante, agudo, de dolor o entrecortado. El llanto es la forma que el bebé comunica lo que necesita, expresa tanto sus necesidades, hambre, frío, calor, necesidad de cariño o de cercanía. También de sueño, cansancio o si está mojado… Prestar atención a la intensidad, la frecuencia y el tono con que el bebé grita o llora puede darle pistas que le ayudarán a descubrir más rápido lo que te quiere decir… El 1968 el doctor Wasz-Höckert y sus colaboradores identificaron cuatro tipos de gritos y de llantos en los bebés: el del nacimiento, el de dolor, el de hambre y el de placer, que con un poco de entrenamientos las mamás llegaban fácilmente a discernir. El llanto de hambre se caracteriza por ser más insistente, urgente y agudo comparado con el modo en que llora cuando no quiere dormir, el cual se parece más a un grito ronco e intermitente. No obstante, también es cierto que no todos los bebés lloran de la misma manera. A menudo, lo primero que hay que aprender es a diferenciar cuando el sonido que emiten tiene un fuerte significado de demanda y cuando solo está emitiendo gritos más graves e intermitentes porque no se encuentra una posición cómoda o está cansado. Si el bebé no se encuentra bien y le duele algo, su llanto de dolor será intenso y estará combinado con gritos agudos, cortos y continuados, seguidos de una respiración profunda parecida a un ahogo y un lenguaje corporal en el que puedes leer su tensión. El tipo de llanto parecido al ronroneo, que se caracteriza por ser un sonido suave e intermitente, generalmente no constituye una demanda sino un juego.

12 / 100

¿LOS BEBÉS PUEDEN BLOQUEARSE EMOCIONALMENTE?

"Sí", si sus necesidades no son comprendidas, si las señales que emiten con el llanto o con el cuerpo no son decodificadas, dejarán de demandar lo que necesitan, se cansarán y se bloquearán. El bloqueo es pues una herida producida por la incapacidad de los principales cuidadores, en el seno de la familia. Un bebé que llega al mundo con un inmenso manantial de vida y cada una de sus posibilidades se desarrollarán solo si hay un entorno de afecto, protección y cuidado. En los casos en que ello no ocurre, y el bebé es víctima de formas de parentalidad negativa, él frenará el impulso por sobrevivir, el impulso de vivir decae. Y el bebé indefenso y sumamente vulnerable, que para su supervivencia depende de un adulto, ante la negligencia parental, deja de sentir las necesidades, y reacciona en forma mecánica y sin auténtica sensibilidad. La compañía de un ser humano amable, disponible y afectuoso es vital para un bebé, que también puede aprender pronto a bloquear su capacidad de sentir para no sufrir, porque no le queda más remedio que adaptarse y silenciar su dolor, reprimiéndolo. El primer psicólogo en reconocer este hecho fue René Spitz, que observó a los recién nacidos que eran aislados de sus madres, y carecían de afecto y atención a sus necesidades. Observó que las enfermeras que los cuidaban trataban a los recién nacidos con indiferencia, lo que provocaba en ellos un cuadro cínico definido y progresivo. Empezaba con la pérdida de expresión mímica, pérdida de sonrisa, dejaban de comer y de dormir, así que perdían peso y como consecuencia había un retardo motor importante. En los casos en que se conseguía restablecer el vínculo con la madre, la depresión y el bloqueo del bebé se revertía rápidamente.

13 / 100

¿CÓMO ES POSIBLE QUE EL BEBÉ PERCIBA LAS EMOCIONES DE LOS PADRES?

Todos los bebés están atentos a los padres. Así que, cuando la capacidad de observación se afina, un bebé es capaz de realizar "lecturas no verbales" con bastante precisión. No necesita para ello ni siquiera ser tenido en brazos para darse cuenta de los mensajes no verbales, a menudo solo por la expresión global del cuerpo del adulto, el modo en que se lo mira o por la inflexión del tono de voz… Mediante estos canales el bebé descubre si puede o no confiar. Por ejemplo, ya que si en lugar de recibir un solo mensaje coherente lo que capta son varias señales simultáneas y confusas, no solo se sentirá desconcertado, sino que probablemente rechace el intercambio afectivo. Los bebés descubren fácilmente si hay un estado de tensión o de natural relajación. Comprenden las expresiones del rostro, los movimientos corporales, los gestos, por ejemplo, los que los adultos hacemos con los ojos o la boca cuando intentamos controlar emociones que no nos agradan… Un niño de doce meses, por ejemplo, que escucha desde su habitación que su madre no se levanta como siempre y que además se desplaza con lentitud, conectará "sus radares" de modo tal que cuando la madre entre en la habitación del pequeño, posiblemente con una sonrisa y le dé los "buenos días", él sabrá que algo no va del todo bien. Todavía más si la tiene delante y ve como la madre se esfuerza por disimular su estado interior, por la tensión en los brazos cuando lo coge o un modo de mirarlo determinado, ya no dudará que algo no va bien. Sencillamente porque para los niños lo llamativo es lo contradictorio, y prestan más atención, por ejemplo, cuando hay una voz melodiosa y una expresión dura, por ejemplo, generando más incertidumbre, desconfianza y miedo, lo que los vuelve más inquietos e inseguros.

14 / 100

¿EN QUÉ CAMBIA EL BEBÉ ENTRE LOS CINCO Y LOS SEIS MESES?

Cuando los bebés ya tienen cinco o seis meses, el intercambio de miradas con el adulto es continuo; también su capacidad para promover reacciones y obtener una respuesta. La mayoría de los bebés en esta etapa de crecimiento aceptan y promueven "juegos sociales" para conseguir respuestas. Ellos balbucean, tocan y sonríen a otros bebés para obtener un intercambio. Expresan emociones diferenciadas: alegría, miedo, ira y sorpresa, y usan la mirada como un medio de conexión con los demás. En esta fase los bebés emiten sonidos y los repiten hasta el cansancio, sienten placer por escucharse, y se divierten cuando logran sonidos que contrastan. Si los adultos lo imitan, el bebé se esforzará de inmediato en emitir otro más fuerte o más estridente, lo que indicará que sus neuronas espejo estarán increíblemente activadas. Si la empatía del adulto con el niño es intensa, puede suceder que incluso manifieste mediante su lenguaje corporal su entusiasmo y que hasta se esfuerce más y más. Obviamente no significa que estas acciones no sean promovidas accidentalmente, pero él estará especialmente atento a las reacciones de los adultos, lo que significa que hay estímulos provenientes del mundo exterior que llaman su atención. Por ejemplo, si grita y descubre que la madre se alarma, lo seguirá haciendo a fin de comprobar que es capaz de producir reacciones repetitivas, pero también porque le divierte ser él quien genera cambios en el medio. Es decir, está observando que existe una relación directa entre sus acciones y las acciones que realizan los demás.

15 / 100

¿QUÉ ES LA ANGUSTIA DEL OCTAVO MES? ¿HASTA CUÁNDO SE PROLONGA?

La angustia del octavo mes en una fase de crecimiento se caracteriza por la toma de conciencia por parte del bebé de que es diferente de su madre, y teme perderla. Conocida como la "angustia del octavo mes" o "angustia ante los extraños", esta etapa se caracteriza por un alto grado de ansiedad ante los desconocidos o cuando está solo. Incluso deja de estar contento cuando está con otras personas, como con abuelos a los que habitualmente no ve, y buscará a la madre, o puede suceder que rechace a otros cuidadores habituales, y que estos no entiendan qué ocurre. Hasta no hace mucho se creía que "la angustia del octavo mes" acababa al cumplir el año, pero hoy sabemos que dura aproximadamente hasta los 36 meses, con comportamientos definidos. Por ejemplo, si no ve a la madre una semana, luego tardará en volver a aceptar el vínculo, por el desasosiego que le ha provocado la separación. En esta etapa no conviene, por ejemplo, mostrarse indiferente ante su llanto, tampoco es conveniente dejarlo solo mucho tiempo en la habitación, o a oscuras, con la idea de que aprenda a dormir. Fundamentalmente porque cuando la madre desaparece de su campo visual no será raro que el bebé llore, y lo mismo podrá ocurrirle si un objeto que antes tenía en sus manos ha rodado hacia un sitio donde no lo puede ver. Esto se debe a que, lo que él no ve, cree que no existe, lo cual potencia su temor natural al abandono. Este "inicio" de la noción de permanencia de los objetos y de las personas no solo es clave desde el punto de vista intelectual, sino también emocional, ya que le permitirá más adelante ser cada vez más independiente, y alrededor de los dos años, alejarse de sus padres sin tener necesidad de verlos para descubrir el mundo que lo rodea.

16 / 100

¿CÓMO ES LA RELACIÓN DEL BEBÉ CON LOS PADRES ENTRE LOS SIETE Y LOS OCHO MESES?

A partir de los siete u ocho meses no puede decirse que comunicarse con el bebé sea fácil, se producen muchos cambios en esta etapa, lo que produce a los adultos no poco de desconcierto. El bebé se muestra más seguro de sí mismo, está más interesado en investigar, alcanzar lo que llama su atención, ¡y hasta puede, con un poco de esfuerzo, pronunciar dos o más sílabas diferentes! Sin embargo, a pesar de estas magníficas capacidades y de una incipiente actitud científica, lo cierto es que para él los objetos y las personas existen solo en la medida en que los ve. No tiene aún la noción de continuidad. Los padres obviamente deberían ayudar al bebé a sobrellevar mejor esta etapa mediante ejercicios simples como sentarlo en el suelo con un juguete, dejando que lo manipule, lo arroje y escondiéndolo juntos bajo un cojín, descubriéndolo instantes después para que comprueben que el objeto sigue allí. También no dejándolo solo o con personas desconocidas mucho tiempo. Y lo mismo que si es de noche y duerme en su habitación y grita o llora porque quiere veros. En ese caso, no dudéis en acudir a su lado ya que a medida que crezca superará esta sensación de abandono. Permite que él vea como te escondes tras una puerta y como apareces de repente. Busca su atención moviendo las manos. Después, colócalas detrás de tu espalda y muéstraselas nuevamente, pero una primero y otra después. Coloca una sábana entre ambos y bájala lentamente hasta que te pueda ver. Muéstrale un juguete que sea de su agrado y luego colócalo detrás de él, donde no lo pueda ver. Seguidamente, muéstrale dónde está. Facilitarles la noción de continuidad les ayuda a estar menos estresados cuando no ven a las personas que quieren.

17 / 100

¿CÓMO ES LA RELACIÓN CON LOS PADRES ENTRE LOS DIEZ Y ONCE MESES?

A partir de los diez meses la mayoría de los bebés tienen predilecciones afectivas. Ya no sufren tanto cuando están alejados de la madre o del padre, porque no se sienten tan abandonados cuando no los ven. Una prueba muy sencilla para ver cómo van evolucionando respecto de este tema consiste en esconder su objeto de apego debajo de un cojín o detrás de él. Si lo busca en el lugar adecuado, es que está empezando a comprender que nada malo le sucede cuando no ve a los padres, como ocurre con el objeto. A esta evolución de sus capacidades hay que agregar que empiezan a desarrollar una gran capacidad para comunicarse con personas diferentes, adquiriendo mucha madurez desde el punto de vista psicomotriz. Algunos niños ya caminan en esta etapa, lo que les permite descubrir cada día magníficas posibilidades. Para los padres es como si su hijo hubiera madurado rápidamente en pocas semanas y ahora fuera capaz de comportarse como un niño mayor. Pero no lo es. En realidad, está disfrutando de sus nuevas capacidades y aprendiendo a alcanzar determinados medios para obtener un fin. Del mismo modo que el bebé se valdrá, por ejemplo, de un objeto para alcanzar otro que se encuentra lejos, desde el punto de vista de la relación con los padres también manifestará con más claridad afecto y rechazo por aquel con el que no se sienta seguro.

La mayoría de los niños a esta edad empiezan a apartar bruscamente a aquel progenitor con el que sienten menos afinidad, arrojándose a los brazos de aquel con quien se sienten más seguros. Es evidente que el único interés que persiguen es tener la exclusividad

de aquel que colme sus necesidades del momento, es decir, de juego, de afecto o de alimento, con lo cual siempre habrá uno de los
padres que estará en inferioridad de condiciones en este sentido y
que podrá sentirse especialmente rechazado, pero no hay que caer en
la trampa, elegir es parte de la evolución del bebé.

18 / 100

¿CÓMO ESTIMULARLOS SIN SOBREPARARSE?

Hoy se habla de estimulación pre y posnatal. La estimulación prenatal se lleva a cabo desde el embarazo. Si bien las vías de comunicación con el bebé son muchas, como las caricias en la barriga o la voz de la madre y el padre, así como el canto, no dejan de ser un estímulo el entorno de la madre y lo que piensa e imagina del bebé, ya que esto modifica las hormonas y, por lo tanto, se lo transmitirá a través de la sangre. Nadar, hablarle, escuchar música relajante o cualquier actividad que promueva momentos de confort y bienestar son importantes fuentes de estimulación prenatal.

La estimulación posnatal debe ser muy suave, usando apenas el tacto, como un roce o la voz, siempre acorde a la edad del bebé, sin pasarse. Por ejemplo, los bebés, si bien ven, por inmadurez de la retina, distinguen mejor los contrastes, mejor en movimiento, así que un móvil colgado en la pared y en blanco y negro, sería ideal, porque se mueve lentamente con el aire… Estimular, por lo tanto, es poner los medios para que avance en lo que ya está preparado para lograr. Así que lo ideal es conocer qué aspectos está desarrollando el bebé en cada etapa y reforzarlos, esos aspectos, buscando el momento apropiado en el que el bebé esté dispuesto, cuando da muestras de que acepta el intercambio.

19 / 100

¿POR QUÉ ES TAN NEGATIVO EL SOBREEXCESO DE ESTIMULACIÓN?

Uno de los aspecto a tener en cuenta para crear un clima de confianza cuando hay bebés en casa es evitar el sobreexceso de estimulación. Es decir, mantener durante los intercambios un nivel de juego y contacto que para el bebé sea soportable. Sea cuando sea quien le da un masaje o simplemente cuando se está jugando con él, el nivel de estrés del bebé se eleva, pero este estrés debe aumentar muy poco. Generalmente, es el bebé el que muestra su límite para soportar los estímulos, a su manera dice "basta". Suele estirar los brazos, poner rígidas las piernas y las manos, empezar a respirar de forma entrecortada, se muestra nervioso, o bien aprieta los puños, o puede ser que se balancee bruscamente de un lado a otro, o llore; o se lleve las manos a la cara como signo de protección, apartando bruscamente la mano del adulto. Deja de decir: "me lo estoy pasando en grande", tal vez incluso agita las manos, las piernas y los brazos con fuerza. Entonces no hay que parar sin alejarse físicamente, sino bajar la intensidad del intercambio. Una buena opción es establecer un ritmo desde el principio en el que sea el bebé el que marque el ritmo del intercambio. Se puede empezar pasándole la mano suavemente por las piernas y por las plantas de los pies y ver cómo reacciona. Si lo acepta, entonces se puede continuar, pero prestando atención a sus reacciones y nunca intentando sobrepasar los límites de su rechazo con más estímulos. Los masajes, los juegos con el cuerpo o cualquier otra forma de estimulación les ayudan a desarrollarse y crecer, mientras aprenden a anticiparse a los acontecimientos. Desde que mamá o papá levantan una mano, la mueven como mueve las patas una araña y los tocan hay un tiempo de espera en que ellos saben que deben esperar a que esto suceda, porque saben que, por ejemplo, lo que llegará son las cosquillas.

20 / 100

¿QUÉ NECESITA TU HIJO ENTRE LOS DOCE Y LOS DIECIOCHO MESES?

Si bien es cierto que la mayoría de los niños ya saben andar y se esfuerzan por ser autónomos, lo cierto es que aún se hallan bastante limitados en otros aspectos, como la expresión mediante el lenguaje oral, por lo que necesitará más que nunca ser comprendido por su lenguaje no verbal, incluidos sus gestos. Obviamente me gustaría advertir a las madres y a los padres de que esta falta de fluidez oral no debe engañarlos. Aunque el bebé no hable con fluidez, ello no significa que no comprenda mensajes como "sí, puedes hacerlo", "no puedes hacerlo" o "esto no", "esto sí". En primer lugar, porque desde que tiene tres o cuatro meses han comenzado a descubrir los códigos no verbales de los padres. A partir de los cinco o seis meses todos los bebés distinguen distintas entonaciones relacionadas con actividades, como las que indican admiración (¡qué guapo eres!), interrogación (¿quieres jugar?) o afirmación contundente (la silla no se chupa...). También a partir de esa edad, o tal vez cuando fueron un poco mayores, empezaron a desarrollar una especial capacidad para anticiparse a los hechos, por ejemplo, esperando que después de que le cogierais una mano le dijerais "dame la otra", o bien cuando al acabar de comer le decíais "es hora de dormir". ¡Así que, si tu hijo se hace el distraído cuando le indicas que haga o deje de hacer algo, repítele lo que le has dicho y dale más tiempo! Por otra parte, a esta edad no les resulta complicado relacionar ciertas palabras con acciones conocidas (como "jugar con la pelota", "dormir en la cuna"), y muy especialmente cuando se refieren acciones que ellos deben ejecutar: "ten el libro" o "mira el tren", siempre que sean breves y cuando se le indica primero la acción. Una prueba de que comprenden mucho más de lo que expresan es observando su lenguaje corporal. A esta edad es común que para manifestar su enfado o desacuerdo frunzan el ceño, tensen algunos músculos de la cara, simulen una expresión de llanto o aprieten fuertemente los dientes…

21 / 100

¿CÓMO DARLES SEGURIDAD EMOCIONAL CUANDO EMPIEZAN A DESPEGARSE DE LOS PADRES?

Mantener un estado de ánimo tranquilizador incluso frente a situaciones conflictivas es fundamental durante esta primera fase en la que los estados emocionales del bebé dependen del adulto, algo que indiscutiblemente se sintetiza con la sigla RAD: es decir, que con vuestro hijo seáis receptivos, abiertos y disponibles. De ahí que si son pequeños, lo primero que hay que hacer para "estar" con ellos en situaciones difíciles sea intentar encontrar ante todo calma interior, por ejemplo, respirando pausadamente para conseguir un tono de voz medianamente estable, no demasiado agudo, y poder hablarles pausadamente. También es importante cuando hables al bebé que busquéis el contacto con su mirada. Cuando sepa andar, si es necesario agáchate o siéntalo en tus rodillas para estar a su misma altura. Intenta conservar una posición corporal relajada, pero no demasiado, ya que eso puede ser interpretado como desinterés. Las manos deben indicar tu estado de calma. Es importante no estar haciendo otra cosa mientras se le habla. Saber escuchar cuando aún no hay palabras. La conquista de nuevas habilidades y el modo en que el bebé interactúa con vosotros constituye una de las piezas clave del vínculo. Y más aún, ningún padre malcría a su hijo por darle contacto, afecto y atenciones. Por ello, si os dais cuenta de que cuanto más los tenéis en brazos, más veces lo levantáis cuando llora, lo abrazáis, lo besáis, le habláis y estáis atentos a sus señales el bebé se muestra más relajado y seguro, ¡seguid guiándoos por vuestra intuición! Todos los niños necesitan desde el primer instante de vida sentirse protegidos y seguros, lo que les aporta una gran resistencia para tolerar la frustración, disminuyendo el grado de ansiedad con que el niño responde ante la separación de los padres.

22 / 100

¿DEBEMOS ESCUCHARLOS CON EL CORAZÓN PARA SER MEJORES PADRES?

Cuando escuchamos a los niños con el corazón intentando descubrir cómo se sienten, no solo estamos "participando" de su crecimiento, sino que los estamos ayudando a que desarrollen nuevas habilidades. María tiene dieciocho meses, su hermano mayor le ha pegado. Llora desconsoladamente y se refugia en los brazos de su padre. Este sabe que debe ayudarle a expresar sus emociones, así que comienza a hablar con voz calma y le mira a los ojos.

"Ha ocurrido algo, ¿verdad?" María asiente con la cabeza. El padre espera unos segundos… "¿Duele?" María se toca el brazo y exagera una expresión de dolor. Su padre imita su gesto y la abraza. Instantes después, María está nuevamente correteando por toda la casa. Este tipo de encuentros son solo un ejemplo de lo que los padres pueden hacer con su hijo en una situación similar para suscitar confianza y para ayudarlo a expresar sus emociones. En etapas posteriores, cuando domine el lenguaje oral también podréis recurrir a frases del tipo "¿qué hizo?" o "cuéntame qué pasó". Podréis entonces empatizar con sus sentimientos diciéndole, por ejemplo, "seguro que te enfureció que se hubiera comportado así. A mí me habría dolido mucho…", haciéndole ver que lo comprendéis. Por ahora, si bien es más fácil que él entienda exclamaciones cortas como "¡oh!", otro recurso interesante es reflejar (imitar) sus gestos para que al sentir que empatizáis se sienta comprendido. Lógicamente los padres no siempre aciertan a descubrir con exactitud lo ocurrido, lo importante es el tono de voz con que le habléis y que intentéis comprender lo que él siente. Una vez que haya expresado sus sentimientos, hacedle saber que apreciáis su esfuerzo y dadle las "gracias" por confiar en vosotros.

23 / 100

¿CÓMO EDUCAR SIN ASUSTARLOS
EN ESTA ETAPA?

Cuando los niños ponen en marcha sus propios medios para descubrir el mundo, es probable que los padres se sientan preocupados por el bienestar del niño, y sin darse cuenta les enseñan a tener miedo ante las nuevas experiencias. Algo así como si le dijeran: "si papá o mamá están intranquilos (y no están conformes, relajados, contentos), algo malo debe de suceder". Como la mayoría de los padres suelen confundir sus propios sentimientos, deseos, miedos e inseguridades con lo que sienten sus pequeños, no es raro que muchos de ellos acaben transmitiéndoles su angustia, impaciencia y expectación con mensajes del tipo "no corras que te puedes caer", "no te juntes con ese niño que te puede contagiar", "no comas con la mano que te vas a enfermar", y en poco tiempo asegurar que tienen un hijo miedoso. Digamos que los asustan con sus propios temores, pero en otro momento pueden actuar de un modo extremadamente opuesto, transmitiéndole a sus hijos que no son tenidos en cuenta e intentando que sean ellos quienes se adapten permanentemente a sus ritmos. Como es fácil comprobar, tanto frente a unos como a otros mensajes los niños no solo acaban percibiendo una versión incompleta y parcial de la realidad, sino que no saben cuándo sus padres le demostrarán que le aceptan. Y lo mismo si uno de los padres le habla en un tono de voz suave y afectuoso que se contradice con una expresión dura en la mirada y movimientos tensos cuando es tocado. Cosa que no es raro observar cuando los padres están agotados y no pueden calmar a un bebé que llora desconsoladamente, ellos esconderán ante el pequeño sus sentimientos ambivalentes pero el hijo lo percibirá, y llorará más, porque cuando un bebé percibe que no puede confiar en quien le cuida, automáticamente cierra todas las vías de acceso ante cualquier intercambio, en especial si detectan actitudes ambiguas por parte de los padres. Lo mejor es relajarse.

24 / 100

¿CUÁL ES LA DIFERENCIA ENTRE LAS PESADILLAS Y LOS TERRORES NOCTURNOS?

Muchas madres y padres aseguran que su hijo duerme mal porque tiene pesadillas. Sin embargo, es importante diferenciarlas de los terrores nocturnos.

En términos generales, las pesadillas son recordadas por los niños, suelen tener argumentos bastante elaborados y, en general, los niños no hablan ni gritan mientras duermen. Si ello ocurre, suele suceder al final de las pesadillas. Por lo general, las pesadillas suelen darse en la segunda mitad de la noche, mientras que los terrores nocturnos, en la primera. Otra diferencia importante es que estos suelen tener manifestaciones que casi siempre acaban despertando a la familia. Los niños se incorporan en la cama, pueden llorar, incluso algunos gritan, y lo cierto es que en general no es fácil despertarles, aunque cuando lo logran no recuerdan lo que ha pasado. En cualquier caso los padres siempre deben saber tranquilizar al hijo tras uno de estos episodios, primero hay que observar qué ocurre, pero sin hablarles del contenido del sueño. Tampoco hay que abrumarlo con demasiadas preguntas, es importante usar un tono de voz suave y transmitir tranquilidad. Si el niño está muy asustado, no es inadecuado que por esa noche duerma con los padres.

25 / 100

¿CUÁL ES EL SENTIDO DE LOS BERRINCHES?

Ningún niño tiene berrinches porque se complota contra los padres. Ninguno se muestra alterado hasta tal extremo que le resulte divertido. Cuando los niños hacen esto es que están dando una respuesta. Digamos que, dentro de sus posibilidades, ellos perciben que es lo único que pueden hacer. A menudo, cuando los adultos observan los berrinches desde su lugar de padres y madres, no ven el sufrimiento del hijo, que en la mayoría de los casos no está relacionado con una intención de desobedecer sino con altos niveles de estrés que no pueden amortiguar por ellos mismos. Para saber hasta qué punto un berrinche es controlable, primero hay que valorar qué estresores hay en el contexto del niño, es decir, si el descontrol está producido por cansancio, hambre o porque el niño no se encuentra bien. Antes de los dos años, los niños suelen tener berrinches porque están sobreestimulados. Por ejemplo, cuando se cansan de caminar, cuando hay mucho ruido o cuando hay tensión en el ambiente… Lo que habrá que observar es la situación que el niño no puede controlar. Tampoco es positivo dejarlo solo esperando que se calme si tiene dos o tres años. En la mayoría de los casos se bloquean porque se sienten abandonados. Y por supuesto nada de gritar más que él, tampoco intentéis explicarle o convencerlo de que lo que está haciendo está mal. El modo más efectivo de manifestar desacuerdo es utilizando el lenguaje no verbal. Un gesto serio y los brazos cruzados en actitud de espera da excelentes resultados.

26 / 100

¿QUÉ SON LAS ENFERMEDADES PSICOSOMÁTICAS?

Al igual que ocurre con los adultos, los niños pueden tener enfermedades de origen psicológico que perciben en el cuerpo. A veces solo se trata de síntomas aislados, otras veces de enfermedades físicas que duran en el tiempo como el asma, alteraciones alérgicas, los dolores abdominales, la pérdida de apetito, el insomnio, los dolores de cabeza, los mareos y la enuresis. Cuando son pequeños, lo primero que suele aparecer son las alteraciones alimentarias, aunque es importante que los padres sepan que entre los seis o los doce años de edad las manifestaciones psicosomáticas varían de acuerdo a la etapa evolutiva, pero también por la influencia del entorno, como las relaciones familiares conflictivas, tal es el caso de padres que se van a separar o por la incorporación, por ejemplo, de nuevas personas al núcleo familiar, como una nueva pareja del padre o la madre. Algunos niños con enfermedades psicosomáticas tienen madres contradictorias, o con las que no saben cómo manejarse, lo cual los coloca en una posición neurótica. Por ejemplo, la madre que se dispone a alimentar al niño, pero está chateando en el ordenador mientras le da de mamar. Obviamente las enfermedades psicosomáticas de la infancia no solo tienen su origen en la relación con la madre, también con un padre con actitudes opuestas, que se muestra indiferente en momentos pero que en los juegos sobreestimula, o personas de la familia extensa, que se han acostumbrado a tratarlo como "el culpable" de los conflictos que pueden ser propios de la pareja. Por ejemplo, cuando los padres dicen que discuten porque el niño no duerme bien o no come.

27 / 100

¿LOS BEBÉS SUFREN ESTRÉS?

Cuando a un bebé no se le provee de contacto, afecto, contención y amor, y vive en un medio sobreestimulado, puede sufrir episodios de estrés. Por ejemplo, un bebé de cuatro meses puede relajarse cuando su madre le canta o le habla con ternura, pero alterarse si esta ha tenido un mal día en el trabajo y se dirige a él en un tono de voz diferente del habitual, y lo mantiene. El bebé primero experimentará incertidumbre, y luego experimentará estrés, tal vez llore, pero si descubre que estas quejas silenciosas no le sirven de mucho, al cabo de unos instantes tal vez grite o llore desconsoladamente. Pero también un bebé de cinco meses puede padecer estrés si los gestos y muecas de su madre son de tensión. Cuando la madre siente satisfacción de estar con su hijo mantiene la boca entreabierta, los pómulos elevados y la mirada de amor. A los seis meses, las comisuras de la boca de mamá hacia abajo lo hará sentirse inquieto. Y cuando tenga un año o más incluso llegará a integrar y a combinar, acorde a su madurez, todas estas informaciones en fracciones de segundo. Y es que incluso mucho antes de los tres años los niños saben que algo pasa si los padres les hablan a una distancia inferior de cuarenta y cinco centímetros sin tenerlos abrazados o manteniendo algún tipo de contacto físico. Además saben que las distancias tienen otros significados: se acortan cuando se trata de una situación de enfado y se alargan cuando se les da una orden, o cuando los padres estaban molestos por algo que han hecho. A partir de los ocho años, cuando ya dominan en mayor medida el pensamiento concreto y poseen un mayor contacto con las propias emociones, si bien permanecen más atentos a lo que ellos tienen para decir, al intercambio de ideas, de opiniones y de otros puntos de vista, también están capitalizando lo aprendido en etapas anteriores. Algo así como si la percepción del lenguaje corporal aprendida y ejercitada durante años les proporcionara una mayor comprensión de los mensajes que reciben. Si perciben dos significados diferentes, el que se les dice verbalmente y el que se les transmite mediante gestos y actitudes, se dejarán llevar por el segundo, sencillamente porque de cada mensaje que damos a los niños solo un veinticinco por ciento está compuesto de palabras.

28 / 100

¿ES LA EMPATÍA EL MEJOR CANAL EDUCATIVO?

Así como decimos que los padres deben conocer las necesidades evolutivas de los niños, del mismo modo resulta imprescindible comprender que el canal para comprender cómo se sienten y cómo ven el entorno desde su lugar es la empatía. Conectarse empáticamente es ponerse en el lugar de ellos, pero también es lo que permite dar espacio a la empatía del bebé o del niño, lo cual permite relacionarse en un ambiente armónico, porque potencia la comprensión de los estados emocionales de los hijos y de las señales no verbales, pero fundamentalmente permite que también los niños interactúen mejor con el adulto. Cuando los hijos encuentran un canal empático, sienten que pueden o no confiar. Esto se debe a que desde el nacimiento se ha estado entrenando para conocerte, un ejercicio de observación que perfeccionará cada vez más mientras sigan siendo dependiente, es decir, hasta aproximadamente los seis o siete años. Es como si cogiera una cámara de fotos y primero sacara una instantánea en la que pudiera ver el estado general del adulto, descubriendo si hay tensión o de natural relajación. Después, intentará comprobar si eso que han percibido es verdad, entonces guiarán el *zoom* de su cámara buscando otras imágenes que certifiquen la primera información obtenida. Se detendrán tal vez en los movimientos corporales, en determinados gestos, por ejemplo, los que los adultos solemos hacer en la zona de alrededor de los ojos o de la boca cuando intentamos controlar emociones que no nos agradan… Un niño de quince meses, por ejemplo, que escucha desde su habitación que su madre no se levanta como siempre y que además se desplaza con lentitud, conectará "sus radares". Cuando la madre entre en la habitación del pequeño, posiblemente con una sonrisa y le dé los "buenos días", él sabrá que algo no va del todo bien. Pero ¡también potenciará aspectos de su desarrollo emocional y social cuando perciba que todo está en orden, como la propia empatía!

29 / 100

¿POR QUÉ FOMENTAR LA DISCIPLINA DESDE LOS BUENOS TRATOS?

Fomentar la disciplina desde los buenos tratos implica poner límites sin impedir que los niños tengan una existencia feliz y sana potenciando sus fortalezas, tanto la primera como la segunda infancia, así como en la preadolescencia y la adolescencia, períodos en que los padres deben poner límites diferentes. En la primera y segunda infancia de lo que se trata es de cuidar, proteger y poner límites manteniendo una relación de seguridad con los hijos, ayudándoles a crear buenas conexiones neuronales desde el momento del nacimiento, ya que las conexiones serán de mejor calidad si las vivencias que les aportan los padres son positivas. Durante su desarrollo, esas conexiones le ayudarán a gestionar su *vida emocional,* y lo protegerán, entre otras cosas, de enfermedades cuanto mayor sea el beneficio de los buenos tratos. También hay una mejor maduración del cerebro y una mejor adaptación social durante la adolescencia. Por el contrario, cuando el menor o el adolescente ha sido víctima, ha convivido con padres que han llevado a cabo alguna forma de parentalidad negativa en el ejercicio de la disciplina, las secuelas psicológicas y biológicas pueden ir desde leves hasta graves o muy graves, como las secuelas neurobiológicas a nivel estructural (alteraciones en las propias estructuras cerebrales), así como funcional (mal funcionamiento del cerebro durante una conducta o proceso psicológico concreto).

30 / 100

¿QUÉ HACER SI TU HIJO MUERDE?

No siempre que un niño muerde significa que hay que alarmarse. Cuando son bebés, ellos chupan, muerden y pasan la lengua por el pezón o la tetina como una forma de contacto placentero. Saborean la leche tibia, disfrutan del calor de mamá... Después, cuando son mayores y logran llevarse objetos a la boca, muerden para descubrir consistencias y texturas. En esta etapa, realmente no entienden de consecuencias y sí de experiencias, así que pueden llegar a morder incluso para manifestar su afecto. Hasta el año y medio aproximadamente estos "mordiscos inocentes" pueden ser frecuentes, ya que forman parte de su necesidad de explorar y de comprobar cómo son realmente las personas y los objetos que los rodean y de dar una respuesta afectiva. Entre el sexto y el séptimo mes, algunos niños muerden porque les están saliendo los dientes, les duelen las encías y necesitan hacer presión para calmar la sensación de malestar. En estos casos, si crees que se está habituando a morder, solo bastará con que le digas un "no" firme y mirándolo a los ojos y que le proporciones juguetes adecuados para aliviar el dolor, especialmente los que se colocan unos minutos en la nevera que además les refrescan la boca. Ahora bien, si cuando un niño de dos o tres años muerde porque está enojado o se siente frustrado, significa que está expresando mediante su comportamiento aquello que no puede decir con palabras. Esta es la forma que tiene de desahogarse. Puede hacerlo porque está nervioso y excitado y no sabe cómo defenderse de su propio estado de ánimo o del exceso de estimulación que recibe, o de otro niño. En tales circunstancias, reprimirlo, castigarlo, pegarle en la boca o intentar hacerle lo mismo para que vea qué se siente es terriblemente contraproducente. Lo primero que deberás hacer, sin duda, será establecer un límite diciéndole, por ejemplo, "no quiero que lo vuelvas a morder", apartándolo de la persona a la que ha mordido y con una actitud firme. Él sabrá que no apruebas su actitud. Después, es fundamental buscar la causa y aliviar los estímulos negativos que la provocan. Hay que tener en cuenta que a media que desarrollan el lenguaje este tipo de conductas tienden a desaparecer, ya que están más capacitados para expresar lo que no les gusta, defenderse de agresiones y resolver muchos conflictos de un modo menos traumático incluso para él.

31 / 100

¿CÓMO EXPRESA TU HIJO SUS EMOCIONES?

Mientras los niños no pueden expresarse fluidamente mediante el lenguaje oral, es importante que los padres ayuden a expresarse cuando ven que está mal. Especialmente a partir de los dos años, cuando las relaciones con los miembros de la familia empiezan a modificarse y aparecen las primeras prohibiciones. Es importante pues cambiar el "equilibrio" de la comunicación, es decir, prestar más atención al lenguaje corporal, a los temas que evita, a sus silencios... ¿Qué sentimientos expresa realmente cuando habla? ¿Admiración? ¿Preocupación? ¿Aburrimiento? ¿Sorpresa? ¿Impaciencia? Intentad averiguar cómo es vuestro hijo mediante los mensajes implícitos que usa. ¿Cambia el tono de voz cuando pide algo? ¿Habla como si fuera más pequeño y en un tono quejumbroso? ¿Hace demasiadas pausas? ¿Mira directamente a los ojos o evita la mirada? ¿Cuál es la reacción de vuestro hijo cuando percibe que verdaderamente lo estáis escuchando? ¿Se comporta como si fuera un niño mayor? ¿Lo hace como si fuera más pequeño? ¿Repite palabras al hablar o hace un esfuerzo por ser entendido y pareciera que mejora su vocabulario?¿Cómo habla cuando juega solo con sus muñecos? ¿Se identifica más con la forma de hablar del padre? En general, las señales que tendréis en cuenta son aquellas que indican estrés, como rigidez del cuerpo, comisuras de la boca hacia abajo (indicando tristeza y desilusión), labios apretados (manifestando ira reprimida y desinterés) También observad si mantiene las cejas y la frente fruncidas (demostrando así su ira), si tiene las cejas levantadas y los músculos faciales relajados (indicándoos sorpresa y curiosidad), o si estos últimos permanecen tensos avisando que se encuentra en una situación de miedo y de dolor. Tened presente que a medida que aprendáis a detectar anticipadamente estas señales de vuestro hijo, él también expresará con mayor facilidad sus deseos, sentimientos y emociones sin necesidad de tener que armar un verdadero escándalo para que os fijéis concentradamente en él.

32 / 100

¿CÓMO INTERVENIR SI SE PELEA CON OTROS NIÑOS EN ESTA ETAPA?

Los niños necesitan tiempo para aprender a estar con otros niños. Necesitan conocerse y superar la timidez e inseguridad de las primeras experiencias. Así que es importante que los padres sepan que los juegos con otros niños, a menudo, también incluyen las peleas, que no dejan de funcionar como aspectos importantes para la futura sociabilidad. Cómo actuar ante una pelea con otro niño en esta primera etapa dependerá de la experiencia en sí misma, pero hay algunas pautas que pueden ser interesantes tener en cuenta:

– Si se pelea con otro y no hace daño ni se lo hace a sí mismo, primero espera, es importante demostrarle confianza para que vea que se valora que va a hacer lo correcto dentro de los límites de su edad y nivel de desarrollo.

– Es importante no forzar para que se comporte de un modo superior a su edad.

– Cuando un niño se relaciona negativamente con otros, hay que hablarle con firmeza pero con amor, nunca gritarle o faltarle el respeto.

– Los padres tienen que ser firmes y decir exactamente qué es lo que se desea que haga.

– Es importante enseñarle a negociar y a ser flexible, lo que no significa que haga lo que los demás quieran.

– Nunca hay que prohibirle relacionarse con otros niños, si ha hecho algo inadecuado, en todo caso, hay que enseñarle a reparar el daño, si se puede.

- No es efectivo mantener por este tipo de hechos un enojo prolongado. Si ha mordido, tu enfado debe tener una duración limitada. Los enojos prolongarlos originar en tu hijo ansiedad y sentimientos negativos.

- Es importante ser coherentes en la educación social de los hijos y cumplir *siempre las consecuencias* de saltarse los límites.

- Finalmente, hay que recordar que en este período lo que da mejores resultados para enseñarles a autocontrolarse y ser disciplinados es reforzar las conductas positivas mediante elogios y recompensas.

33 / 100

¿QUÉ HACER CUANDO NO QUIERE COMER?

Dar de comer a tu hijo es una experiencia enriquecedora en muchos aspectos. Sin embargo, cuando tu hijo pequeño se niega a comer no todo es tan fácil. La tendencia de algunas madres es pensar que la causa es que no tiene más hambre o que no se encuentra bien de salud. Sin embargo, a veces es conveniente observar otros aspectos más simples relacionados con la comunicación madre-hijo, o el estado emocional del niño, ya que la incapacidad para relajarse puede ser un factor de falta de apetito. En el caso de los bebés, el modo en que aceptan o rechazan el alimento constituye en sí un lenguaje. Esta es una de las razones por la que es fundamental interpretar adecuadamente lo que él te quiere decir cuando rechaza la comida, ya que generalmente es también su modo de decir "no" ante aquello que le desagrada. Si el bebé se encuentra bien de salud y no quiere comer, de nada sirve insistir para continuar de inmediato, porque lo que se logra es el efecto contrario. Y es que tanto para un bebé como para un niño la experiencia de comer es un continuo aprendizaje en el cual participa con todos sus sentidos, sus emociones y sus afectos. Y que también de ese modo recibe las impresiones del medio que lo rodea. Dar de comer es un proceso en el que los dos aprenden...

Dar de comer no es solo proveer de los aportes nutritivos, es principalmente una experiencia, y en el caso de los bebés es una experiencia integral:

1. Emocional: por la sensación de intimidad que experimentas con tu bebé.

2. Psicológica: porque muchos miedos se rinden ante el placer de alimentarlo.

3. Visual: mediante el contacto de tu mirada con la de tu hijo.

4. Táctil: por la temperatura de la leche, la succión del pezón y la cercanía de los cuerpos.

5. Gustativa: por el sabor de la leche.

6. Olfativa: por el olor de la leche y tu olor corporal (no uses perfumes cuando debas dar de mamar).

7. Auditiva: si le hablas, le narras un cuento o le cantas mientras lo estás amamantando.

34 / 100

¿EN QUÉ MOMENTO NECESITA DORMIR SOLO?

Alrededor de los tres o cuatro meses los bebés necesitan más espacio y dan señales de que es mejor para ellos dormir solos. Lamentablemente no siempre las familias están preparadas para ello. En algunos casos, el bebé desea dormirse en brazos y después pasar a la cuna. En otros casos, les gusta la cuna y no estar en brazos. Otros se despiertan frecuentemente y a menudo llorando. Muchos de estos problemas pueden crear hábitos irregulares a la hora de dormir y generar ansiedad, por lo que puede haber situaciones estresantes a la hora de irse a la cama. En la mayoría de los casos, la "ansiedad por la separación" es lo que les hace tener estas conductas a los bebés, y hacen todo lo posible por evitar la separación a la hora de acostarse. Así que solo se alcanza con establecer rutinas a la hora de acostarse. Sin embargo, hay etapas en las que la separación es cada vez más difícil, así que lo mejor es que los padres lo duerman sin mecerlo para que pueda dormirse solo, por ejemplo, activando rutinas para que diferencien actividades de la noche y del día. Es importante destacar que así como hay niños que duermen de un tirón a partir del tercer o cuarto mes, otros son incapaces de mantener el sueño durante toda la noche, despertándose tres, cinco o varias veces. Es verdad que el bebé puede despertarse por hambre, pero también porque necesite que se le cambien los pañales o tenga cólicos… Al tercer o cuarto mes de vida, los niños suelen empezar a cambiar su ritmo biológico. Es decir, van abandonando su ciclo de 3 o 4 horas de duración para adaptarse a intervalos más largos. Ellos duermen alrededor de 16 horas diarias, pero no hay reglas fijas. Aunque siempre habrá que tener presente que el sueño está directamente relacionado con la maduración, y cada bebé madura a su ritmo.

35 / 100

¿CÓMO EJERCER NUEVAS ESTRATEGIAS DE DISCIPLINA DURANTE LA ETAPA DE LA EXPLORACIÓN?

Cualquier padre o madre que tenga un niño entre dieciocho meses y tres años habrá pensado que no existe ninguna técnica de disciplina que pueda "parar" a su hijo. Y es que de todas las etapas de crecimiento por las que atraviesan los niños esta es la que más desconcierta a los padres: la fase en la que los niños intentan conquistar su independencia, y solo quieren investigar. No solo porque no les resulta simple aceptar que el pequeñín se ha convertido en una persona que desea alejarse para explorar el mundo, sino porque se dan cuenta de que lo que ayer les funcionaba para controlar las reacciones de sus hijos (el tintineo de un sonajero para llamar su atención, una expresión de seriedad para que se comportaran correctamente o jugar con los movimientos de su cuerpo para distraerlos mientras se negaban a que les pusieran un pañal) ahora no les sirve en absoluto. Como si realmente se hubiera producido una explosión del crecimiento, en esta etapa disfrutan con actividades donde poner a prueba su capacidad para ser autónomos. Y esto ocurre a una velocidad tan vertiginosa… Así que, como ningún niño en esta etapa va a dejar fácilmente de correr en un parque o va a claudicar ante la tentación de tocar cuanto esté a su alcance, para ejercer la disciplina en esta etapa es importante elogiar lo bueno que hace en lugar de centrarse en lo que aún no ha logrado. Escuchar un elogio es para él tan saludable como darle una dosis extra de vitaminas, pero como todo, sin pasarse, en su justa medida.

36 / 100

¿DEBEN EDUCARSE LOS HIJOS SEGÚN EL SEXO?

Sin duda, la respuesta es "no", en cuanto a la educación parental se refiere y en cuanto a derechos y deberes. Sin embargo, los avances científicos están demostrando a un ritmo acelerado, gracias a la medicina por imágenes, la forma en que unos y otros aprenden. Niños y niñas con el mismo coeficiente intelectual utilizan diferentes proporciones de materia gris y blanca, por ejemplo, cuando resuelven tests de inteligencia. En cualquier caso, no hay que confundir estos aspectos con las diferencias anatómicas en general reafirmadas por la cultura que asignan al sexo una serie de características, estereotipos o roles a menudo limitantes. Durante la primera infancia, el trato a unos y otros debería ser igualitario; sin embargo, una vez comenzada la escolarización, podría ser necesario potenciar las destrezas naturales e incorporar aquellas que tiene en menor medida, así como comprender la importancia de educar a los niños y a las niñas potenciando las inteligencias múltiples, trascendiendo el género, identificando capacidades, habilidades y talentos, es decir, reconociendo en los hijos si es hábil con las imágenes o con las palabras, con la música, con los números, con la naturaleza, con lo que transmite con su cuerpo…; o cuando se relaciona con los demás… ¡Esto es, pues, lo que hay que potenciar!

37 / 100

¿ES NORMAL QUE TU HIJO SE OPONGA A TODO LO QUE LE DICES?

Alrededor de los dos años hasta los dos y medio, los niños atraviesan lo que se denomina *etapa de la negación*. No solo porque demuestran a menudo que su comportamiento es antagónico y contradictorio, sino porque son incapaces de controlar sus impulsos exploratorios, con lo que la palabra que más tiempo tienen en la boca es el "no". La mayoría ya han aprendido a caminar, a controlar esfínteres y, además, han descubierto que a través del lenguaje pueden hacerse entender mediante gestos, señales y palabras, pero es esta seguridad en sí mismos lo que muchas veces los lleva a desafiar a los adultos porque quieren hacerlo *todo solos*. No se trata de que el niño esté midiendo su fuerza como sostienen algunos padres, sino que ya se siente capaz de hacer lo mismo que los mayores. Así que si ves que no quiere, por ejemplo, que le pongas tú los zapatos, déjalo que pruebe, ayúdalo mientras lo intenta y felicítalo como si lo hubiera hecho él solo. Oponerse y entrar en su juego no solo crea conflictos innecesarios sino que le produce una gran inseguridad. En cualquier caso, si una de las palabras que más frecuentemente usa un niño en esta etapa es "no", no hay que asustarse, solo se trata de que es la única palabra que para él tiene sentido, con lo que muchas veces la usará aun cuando quiera decir sí, así que lo mejor es permitir que se pongan a prueba en un medio seguro. Si en tu hogar los enchufes están protegidos o altos, si no hay muebles ni objetos que representen ningún peligro, deja que tu hijo se suba a una silla no muy alta que esté firme y enséñale cómo bajar (siempre de espaldas y apoyando primero los pies en el suelo). Ponle cojines para que los salte, déjale un zapato para que se lo ponga. En lo posible, no interfieras en sus experiencias, y usa el "no" solo cuando está en peligro su seguridad física o emocional; cuando puede hacerle daño a otras personas o se comporta de un modo irrespetuoso, cuando ves que no está preparado para asimilar las consecuencias de su conducta, cuando no puede controlar por sí solo un berrinche e intenta hacer lo que quiere.

38 / 100

¿CUÁLES SON LOS CAMBIOS EMOCIONALES DESDE LOS DIECIOCHO MESES HASTA LOS TRES AÑOS?

En la fase en la que los niños intentan conquistar su independencia aprenden a alejarse de los padres y, por lo tanto, disminuye la angustia por la separación, si la relación es de confianza. Recuerdo que cuando mi hijo contaba ya con dos años y medio tenía por costumbre arrojar al suelo con fuerza todo aquello que se resintiera a su investigación. Instantes después, se acercaba, caracoleaba alrededor del objeto en cuestión y me decía "pobrecito, mamá, se ha caído…, voy a recogerlo…", y nuevamente comenzaba con su actividad. Estas actitudes, a menudo, etiquetadas por los adultos de antagónicas y contradictorias, son absolutamente naturales y necesarias en esta fase. En principio, porque los niños no actúan acorde a las pautas de los adultos, sino a las propias. Arrojar, recoger y decir una frase es parte del juego. En esta fase un niño puede inesperadamente correr a abrazar a sus padres y dar honestas demostraciones de afecto y, acto seguido, rechazarlos porque están atentos a cualquier otra cosa. Ahora bien, aunque es verdad que para los padres este tipo de actitudes probablemente resulten incomprensibles, actuar frente a estos exploradores incondicionales de un modo rígido es sin duda el peor error. La gran necesidad que los niños tienen de poner a prueba todo lo que saben y cierta incapacidad para controlar los propios impulsos solo puede ser encauzado si se les ayuda para que tengan experiencias satisfactorias y para que sean capaces de descubrir por sí mismos cosas nuevas, ¡más que condicionarlos con miedos y prohibiciones! Pensad que si vuestro hijo no puede comportarse de un modo diferente a su propia naturaleza, lo único que lograréis será infundirle inseguridad, incitándolo a que tal vez abandone una determinada actividad porque se le ha infundido temor sin que no por ello deje de insistir en probar aquello que desea.

39 / 100

¿POR QUÉ LA CONFIANZA LOGRADA EN LA ETAPA ANTERIOR ES UNA VACUNA PARA LA SOCIALIZACIÓN EN ESTA ETAPA?

Desde el nacimiento, todos los seres humanos hacen grandes esfuerzos para adaptarse y acomodarse a sus nuevas fuentes de provisiones, y tienen que aprender a estar lejos de mamá y papá sin angustiarse, a jugar de día y dormir de noche. Cuando nada le hace dudar que será cuidado, alimentado y querido puede arriesgarse a separarse de los padres sin sufrir para explorar el mundo, y disfrutar de otras relaciones acordes a su edad. Él desea descubrir todo lo que hay a su alrededor y hacer uso de su autonomía. ¡Para algo durante todo este tiempo también ha estado adquiriendo confianza en sí mismo! Y es que contrariamente a lo que se pueda pensar, cuando se tiene un hijo en estas edades es necesario conocer que él *desea* estar a vuestro lado pero también *anhela* explorar y poner a prueba sus nuevas capacidades. Son dos sentimientos contradictorios, y no significa que no desee estar junto a papá y mamá. Si él se atreve a alejarse e intenta hacer *muchas cosas solo*, eso no significa que no se vea obligado a luchar contra la permanente tentación de correr al regazo materno. Por ello es importante que los padres no entorpezcan esta dinámica de alejarse para volver, porque él lo hará cuando lo necesite. Para él, irse significa autonomía, y volver, y comprobar una y otra vez que todo sigue en su sitio cada vez que se aleja. Por eso no debe haber reproches, miedos, mensajes ambiguos, ni actitudes alarmistas, aunque sí seguirlo con la mirada para comprobar hasta dónde se siente seguro. En suma: atravesará mejor esta fase de desarrollo y le permitirá descubrir sus increíbles capacidades si los padres le dan dosis extra de la vacuna de la confianza de acuerdo a los logros.

40 / 100

¿QUÉ SENTIDO TIENEN LOS "POR QUÉ" DE LOS NIÑOS?

En general, escuchar a un niño de dos a tres años cada vez que habla es complicado. Suelen estar parloteando prácticamente todo el tiempo. A veces, en esta etapa puede ser necesario aprender a escucharlos de un modo diferente, por ejemplo, cuando están atravesando la etapa de los "por qué", que a menudo no es más que un juego. Casi nunca quieren saber respuestas o conocer cosas más allá de su comprensión. Es un juego indefinido donde lo divertido es preguntar y mantener la atención del adulto, y donde las respuestas les importan bien poco. Puede repetir un *por qué* infinitas veces, repite infinitas veces un repertorio de preguntas muy parecidas, y poner a prueba la disponibilidad de sus padres. Detrás de los "por qué", en raras ocasiones, hay más una necesidad de comprender el entorno a diferencia de los "cómo", que utilizará cuando sea mayor, cuando se interese más por los procesos de lo que le rodea. Un niño de dos años puede, por ejemplo, oír desde lejos que se ha roto un plato en la cocina y llegar corriendo para preguntar "¿qué ha pasado?". Uno de vosotros le responderá "se ha roto un plato". "¿Se ha roto un plato?" dirá él. "Sí, se ha roto un plato", contestaréis vosotros. "¿Por qué?", "porque se ha caído", le explicaréis. "¿Se ha caído?", te dirá. "Sí". "¿Por qué…?". A veces, incluso resulta curioso ver cómo retoman otra vez la pregunta inicial para empezar de nuevo a reflejar (repetir) cada una de vuestras respuestas. A veces, resulta interesante ante preguntas reiteradas devolverles la pregunta, por ejemplo, decirles: ¿tengo que pensarlo?", o bien, "y tú, ¿qué piensas?".

41 / 100

¿CUÁLES SON LAS PROHIBICIONES ABSURDAS?

Las prohibiciones absurdas son aquellas que frenan las experiencias evolutivas. Tal vez resulte más fácil a los padres prohibirle al hijo que se suba a un banco antes que tomarse el tiempo necesario para enseñarle a bajar de espaldas y apoyando primero los pies en el suelo, pero hacerlo atenta contra las destrezas evolutivas que el hijo necesita. Los niños desde pequeños necesitan arriesgarse y afrontar nuevas experiencias, y con ello aprenden a tolerar la frustración, y a desarrollar su perseverancia, para lo que realizan infinidad de veces una misma actividad de diferente forma.

Cuando los adultos impiden que los niños se arriesguen, lo único que logran es que sus hijos se sientan confundidos e inseguros debido a que no saben qué pueden hacer y qué no. Y lo mismo ocurre cuando lo que reciben son reacciones emocionales porque tienen miedo de que les pase algo. Todos los niños quieren hacer las "cosas a su modo", pero es papel de los padres ayudarles a que no corran riesgos sin prohibir, siempre que lo que quieran hacer sea adecuado a sus habilidades. A todos los niños les motiva lo llamativo y por ello se dejan llevar por sus impulsos… Los padres deben ante un niño de estas edades dar instrucciones precisas, ¡por más que se trate de una tarea que parece no tener fin! A un niño que ha aprendido a caminar, por ejemplo, no es bueno prohibirle correr cuando ya está preparado, por más que haya transcurrido poco tiempo desde que empezó a andar. Es en este sentido que el papel de los padres es ayudarles a desarrollar sus habilidades.

42 / 100

¿CÓMO ENSEÑARLES LOS BENEFICIOS DEL ORDEN?

Desde muy pequeños los niños pueden descubrir el beneficio del orden. Saber dónde están sus juguetes, sus objetos personales o dónde guarda mamá las servilletas de la merienda... les permite ubicarse en el espacio con más facilidad. Ordenar los juguetes, por ejemplo, una vez que se ha acabado el juego, es un hábito importante para fomentar desde que tienen dos años. Si se empieza a inculcar más tarde, sin duda, costará más que el niño participe activamente. El hábito del orden a esta edad ayuda a construir otros hábitos a medida que crecen, como el hábito de estudio, de trabajo sistemático... Desde el punto de vista emocional, ayuda a los niños a vencer la negligencia o a dejarse llevar por lo que desean hacer cuando "tienen" que hacer aquello que no les agrada, como estudiar una asignatura que les resulta aburrida. Ahora bien, los padres tienen que predicar con el ejemplo. No se le puede pedir a un niño que sea ordenado cuando sus padres no actúan del mismo modo, porque los niños copian lo que ven, nunca lo que se les dice. Por último, como con cualquier hábito, es importante poner en marcha refuerzos ante los logros. Así, cuando tenga sus juguetes ordenados, por ejemplo, resulta interesante mostrarle los beneficios de vivir en un espacio que transmite paz y armonía.

43 / 100

¿QUÉ IMPLICA RECONOCER QUE EL HIJO ES UNA PERSONA DIFERENTE?

Ciertamente, algunos padres deberían tomarse de tanto en tanto un tiempo para esclarecer qué es para ellos un *buen niño*, un *niño ejemplar*. ¿Aquel que se comporta acorde a lo que se espera de él y se mimetiza con un modelo que no le pertenece? ¿El que es feliz y disfruta de la vida, hace travesuras y crece como persona? Sin duda, como cuando prevalece lo primero no es de extrañar que a los niños se los suela identificar con rasgos que no les pertenecen, por ejemplo comparándolos con otros integrantes de la familia (pesado como tu hermano, igual de intolerante que tu padre, cobarde como tu tío…), con modelos sexistas (los hombres de verdad nunca lloran), con cualquier otro estereotipo de comportamiento (llorar es de cobardes; la gente te querrá más si siempre sonríes; debes portarte como un niño bueno), o bien mediante todas aquellas opiniones que los obligan a comportarse como adultos (si rompes tus juguetes te quedarás solo y ningún niño te querrá), y no es raro que los pequeños acaben sintiéndose avergonzados de ser como son. Por eso, los padres que solo aceptan a su hijo en determinadas condiciones, que no se quejen si, por ejemplo, rompe sus juguetes. En algún momento necesitará sacar su rabia. ¿O no hay acaso demasiadas partes de su persona que no son aceptadas? Un padre, por ejemplo, que le dice a su hijo lastimado porque se ha caído "te lo avisé, no tenías que haber corrido tanto", demostrándole que está más pendiente de autoafirmarse en su papel de "padre certero" que en comprender su dolor, también estará transmitiendo que no acepta en su hijo aquellas emociones que indiquen debilidad. Si en su lugar le hubiera dicho "duele mucho, ¿verdad?", el niño no solo se habría sentido comprendido, sino que no vería dañada su autoconfianza.

44 / 100

¿ES BUENO DECIR A UN NIÑO QUE ES MALO?

¿Por qué algunos adultos creen a menudo que el único modo de educar es asustando, criticando y dañando la autoestima de los niños? Probablemente no existe una sola respuesta. Lo que sí es cierto es que tal vez actúan así porque repiten la educación que ellos mismos recibieron. No obstante, sea cual sea la razón, cada vez que un adulto no observa el mundo desde la perspectiva de un niño de esta edad y cae en el error de decirle: "eres demasiado grande para hacer eso" o "demasiado pequeña para hacer lo otro", le quita una gran dosis de autoconfianza. Cuando los padres consideran que una buena educación se reduce a lograr que sus hijos se comporten según se les decía a ellos en su niñez, cuando los controlan y les dan respuestas automáticas (como amenazas, castigos, reglas y modelos de rol similares a los que ellos recibieron), no se dan cuenta de que la mayor parte del tiempo están reforzando conductas negativas en lugar de positivas. El niño al que se le dice malo lo será, porque entenderá que ese es el modo en que sus padres lo reconocen como persona, y por lo tanto se convertirá en un niño con esas características. Muchos adolescentes con problemas de conducta en los centros escolares habían sido tratados de este modo por su familia, y habían aprendido a comportarse como ellos pensaban que eran tenidos en cuenta.

45 / 100

¿CÓMO FUNCIONAN LAS NEURONAS ESPEJO?

Hay un documental muy interesante que muestra cómo la educación se basa en la imitación. En él, se ve cómo los niños caminan o hacen gestos como su padre o su madre. El neurobiólogo Giacomo Rizzolatti, no hace mucho en Italia, dio a conocer que el cerebro humano tenía múltiples sistemas de neuronas, llamadas *neuronas espejo*, especializadas en llevar a cabo y entender no solamente las acciones de otros, sino sus intenciones, el significado social de su conducta y sus emociones. Ha llamado muchas veces la atención ver que los niños eran capaces de reproducir actos de sus padres simplemente con haberlos visto un par de veces. Una vez conocí a un niño que cortaba con un cuchillo zanahorias previamente hervidas en segmentos exactamente iguales. Su madre era cocinera en un restaurante de montaña en Suiza y lo tuvo a su lado hasta aproximadamente los cuatro años. Y algo más simple, los niños aprenden a caminar sin que nadie les enseñe, ¿cómo? Observando a los adultos en su entorno.

Un niño que acompaña a su madre a la feria o al mercado, y aprende el valor de los billetes, aprende más rápidamente los principios de las sumas y las restas que si lo hiciera a partir de la escuela. Los niños cuyos padres leen el diario, reciben revistas, compran libros, recitan poesías y hacen discursos, esos niños tendrán un vocabulario y capacidades lingüísticas más desarrolladas que sus pares en el colegio.

46 / 100

¿LOS NIÑOS SIEMPRE HACEN COSAS DE NIÑOS?

Entre los dieciocho meses y los tres años la mayoría de los niños suelen mostrarse muy temperamentales, lloran fácilmente de rabia, de frustración, y pocas veces se calman con facilidad si se los trata con rigidez. Por esa razón, si en tales circunstancias los niños reciben respuestas del tipo "si no te portas bien, te vas a tu habitación"; "si no te callas, no harás esto, no verás aquello o no comerás lo otro…", "no quiero que seas así", o bien "¿has visto qué horrible te pones cuando lloras?", así que pronto entienden que nada de lo que hagan los salvará de ser manipulados, chantajeados o rechazados, con lo que fácilmente caen en la trampa de creer: "para qué cambiar de actitud, si igualmente no me van a querer". Y es que cuando los padres tratan a sus hijos como si fueran insoportables, exigentes, pesados, malcriados, molestos, ridículos, llorones, quisquillosos, caprichosos o que se comportan como la *oveja negra de la familia*, o como *el hijo mayor*, el *del medio* o el *menor*, ignoran que lo único que consiguen es descargar la propia tensión interior. Un niño a esta edad, incluso hasta los cinco años, no tiene prejuicios, ni complejos; ¡simplemente está creciendo!… gozando… aprendiendo y lo único que anhela es ser tenido en cuenta como persona que vale para sus padres. ¡Estas son las verdaderas expectativas de un niño! Cualquier otra fórmula (criticarlos, chantajearlos emocional o materialmente, o manipularlos para que se conformen rápido y dejen de molestar) le hace percibir falta de interés y ello, sin lugar a dudas, tiene un coste muy elevado. Cuando a un niño se le dice "te agradezco que te hayas portado bien" o "me encanta que hayas guardado tus juguetes", se le está enseñando que sus actos repercuten solo de dos maneras en las demás personas: positiva o negativamente, sin grises.

47 / 100

¿CUÁL ES EL MEJOR DECÁLOGO PARA FOMENTAR EL RESPETO ENTRE HERMANOS CUANDO SON PEQUEÑOS?

Personalmente creo que si los padres tuvieran un decálogo para saber qué deben evitar ante las rabietas de los niños según la edad de estos, pocas veces caerían en la trampa de perder los papeles con facilidad:

— Evita reprenderle por la rabieta usando frases que comienzan con palabras como *siempre, nunca, jamás*. ("Jamás haces nada bien…" "Nunca me escuchas…") Este tipo de tratos tienen connotaciones de hostilidad, reproches, humillación por parte de quien las pronuncia y, como consecuencia, provocan falta de interés y escasa cooperación por parte de los niños.

— Evita usar comparaciones con fines peyorativos. ("¡Pareces un puerco espín con ese pelo!") Vuestro hijo no solo se sentirá extremadamente denigrado y avergonzado porque vosotros sois una imagen de autoridad para él, sino que puede tener problemas para aceptar su imagen no solo ahora, sino en el futuro.

— Evita halagar en tono irónico y denigrar su persona. ("¡Eres genial, cada vez que salimos, lo mismo!" "¡Eres de lo peor!") Con ello lo único que se logra es que se sientan culpables debido a que no saben cuándo serán aceptados y amados y cuándo no…

— Evita compararlo con hermanos o con cualquier otro niño. ("No sé por qué no habrás salido como tu hermano…") En estos casos, los niños no solo se perciben como seres inferiores, sino que pueden transformarse en víctimas de celos incontrolados frente a aquel con quien se lo compara.

— Evita valerte de errores del pasado para hacer ver que tienes razón. ("Yo te lo dije, sabía que te pasaría tal cosa…" "O ¿no te acuerdas aquella vez que?…") Mediante esta forma sutil de educar a vuestro hijo para que no cometa los mismos errores lo único que hacéis es sacar vuestra cólera por no estar de acuerdo con él.

— Evita disimular el enfado o la ira tras una máscara de falsa compresión. ("Hijo, cariño, estoy un poco preocupada porque le quebraste una pierna al gato cuando lo atropellaste con la bicicleta.") Si estáis enojados con vuestro hijo, él debe saberlo. Decirlo de otro modo es para ellos humillante.

— Evita indicarle cómo tienen que actuar cuando los niños manifiestan sus sentimientos, impidiendo que piensen por sí mismos y que aprendan de su propia experiencia. ("Tienes que decirle a tu amigo que es despreciable." "Dile que eso no se hace.") Este tipo de tratos los invalida como personas.

— Evita obstinarte en querer tener razón más que ayudar a calmarse al niño.

— Evita entablar una lucha de poder para ver quién tiene más resistencia y permanecer enfadado.

— Evita mostrar impaciencia o preocupación por las obligaciones más que por lo que a él le sucede como persona. Frases del tipo "ahora déjame que estoy ocupada…" le harán sentir que para vosotros él no tiene ningún valor.

— Evita exigirle que se comporte como si fuera mayor.

48 / 100

¿CÓMO PASAN DE LA ETAPA DEL "POR QUÉ" AL "CÓMO"?

Hasta los cuatro años, aproximadamente, los niños atraviesan la *etapa del por qué*, pero a partir de esta edad lo que más les interesa es *cómo* suceden las cosas. Aunque su mundo todavía está entretejido de acontecimientos reales e imaginarios y no tiene un pensamiento lógico, su actitud científica los lleva a indagar, a observar los procesos, a descubrir semejanzas y diferencias, a clasificar... Y cuando no comprenden algo, generalmente, encuentran en la fantasía una respuesta a su medida. De hecho, como incluso hasta los cinco años todavía viven "entre dos mundos" (el de la imaginación y el mundo real), las cosas pueden ser para ellos tanto de una manera como de otra, y entonces pueden adecuar la realidad a sus propios intereses y a su antojo. ¡Y esta es la razón principal (y no otra) por la cual a veces les sigue resultando complicado darse cuenta de que sus actos negativos tienen consecuencias negativas!... aunque igualmente se esforzarán por averiguar hasta el último detalle si ha ocurrido algo en donde se han visto especialmente implicados. En estas edades, por otra parte, tampoco es de extrañar que vuestra hija o vuestro hijo se muestre especialmente interesado en saber algo más sobre cuestiones como el nacimiento o la muerte, mostrándose a veces verdaderamente preocupado por este tipo de temas. En general, tanto ella como él, aunque parezcan estar atentos a sus juegos, suelen también estar muy pendientes de los comportamientos, reacciones y comentarios de las personas mayores y, como son extremadamente intuitivos, no es conveniente mentirles cuando preguntan cómo nacen los niños o por qué se mueren las personas, ni tampoco darles respuestas parciales (sí acordes a su edad).

49 / 100

¿QUÉ HACER ANTE UNA PELEA ENTRE HERMANOS?

Las peleas entre hermanos cuando son pequeños forman parte de una dinámica de contacto en la que uno y otro se ponen a prueba, ensayan hasta donde llega su fuerza emocional, psicológica y física. Generalmente estas peleas son saludables, aunque lo que hay que observar es la frecuencia con que ocurren y si solo uno acaba ejerciendo más poder o algún tipo de daño.

Lo mejor es intentar que baje el nivel de estrés manteniéndolos apartados. Si tienen más de tres años, ayudarles a reflexionar sobre otros modos de resolver los conflictos. Pero no deje de establecer reglas claras para la convivencia, ignorando los chismes que provocan malentendidos. Y como es lógico, intente detectar a tiempo cualquier intención de revancha. Si ello ocurriera, responsabilice directamente a quien la lleva a cabo y demuéstrele la necesidad de reparar para que aprendan a ser responsables de sus actos y del cuidado del ambiente familiar.

En cualquier caso, la armonía entre hermanos es evidente que deberá ser fomentada por los padres, tanto con posterioridad a las peleas como en el trato de rutina, con actitudes como no compararlo, ni exagerar los errores de uno en presencia del otro. Lo más efectivo es tratarlos a ambos como personas interesantes, y siempre desde sus fortalezas más que desde sus errores, motivándolos para que se feliciten cuando uno de ellos alcanza un logro, para que se sientan copartícipes.

50 / 100

¿ES POSITIVO TENER UN HIJO CASI PERFECTO?

Enseñar a un niño a ser disciplinado no significa que deba cumplir las expectativas de perfección que definen los padres ni que deba aprenderse una lista de normas de la A a la Z. La disciplina debe incorporarse lentamente a la vida de un niño, como hábitos, como una agenda interior que cada niño adaptará a su manera de ser y a sus circunstancias. Pero fundamentalmente para que el niño comprenda que las normas son parte de la vida tiene que haber rutinas que fundamenten un orden. Para algunos padres, no obstante, no es fácil al principio aceptar que el hijo incorpora la disciplina lentamente, según su temperamento y habilidades. Entre los dieciocho meses y los tres años, los niños, que están todo el tiempo en alerta y pendientes de muchas cosas, época en la que pareciera que no temen a nada, son aventureros por excelencia y viven probándose a sí mismos con entusiasmo, la disciplina está más dirigida a alejarlos de los peligros. De hecho, una disciplina demasiado rígida en estas edades evidencia pronto un efecto contrario: que los niños se comporten de un modo más rebelde. Un hijo que se ha acostumbrado a ser el centro de atención no sabrá qué hacer si no tiene permanentemente la aprobación de los padres. Estará tan pendiente de los adultos que más tarde o más temprano no se atreverá a hacer nada solo. A veces, la disciplina se puede empezar a llevar con elogios breves pero sinceros en el momento oportuno, como "¡muy bien!" cuando ha guardado dos juguetes aunque luego lo vuelva a arrojar al suelo. De todos modos, lo ideal será ponderar los logros de las conductas que deseáis que vuestro hijo mejore. Sorprende, a menudo, observar cuántas cosas aprenden los niños en tan solo una semana, cuando la disciplina se enseña reforzando hechos cotidianos.

51 / 100

¿ES CENSURABLE DARLES UNA PALMADITA CUANDO HACEN ALGO INADECUADO?

Una palmadita suele ser un impulso de los padres, producto de la impotencia, la falta de control o el cansancio. Personalmente, siempre me he negado a considerar que se trate de un método de educación, nunca hay garantías de si la segunda es un poco más fuerte, y entonces no hay que llevarla a cabo no solo porque el hijo aprende a pegar para resolver aquello que le supera, *simplemente no hay que hacerlo porque le duele*. Un padre o una madre que está leyendo este libro seguramente también ha leído infinidad de libros sobre cómo educar, y tal vez en algunos de ellos se diga que no es inadecuada la palmadita si es necesaria. Yo insisto en que sí lo es, ¡siempre! Porque ninguna reacción de contacto físico que nazca del enfado o la rabia, o el cansancio, hacia un niño es útil. Por otra parte, aun si la palmadita o la bofetada diera resultado en el momento, no tienen buenos efectos a largo plazo en la relación madre-padre-hijo. Es por ello que es "una palmada a destiempo", más que una "bofetada a tiempo". A tiempo de qué, me gustaría preguntar. ¿De que "se tuerza" en un futuro? Pues se tuerce la relación cuando la agresión por mínima que sea se justifica. El hijo comete un error y no aprende cómo hacer lo mismo de un modo satisfactorio, no aprende nada. Ni siquiera les queda una imagen acogedora de los padres, ya no son firmes ante sus ojos, se han desestabilizado, han perdido la frecuencia para la conexión de la empatía, no pueden educar afectiva y efectivamente, y esto, en una fracción de segundo, también lo percibe el hijo.

52 / 100

¿POR QUÉ ES IMPORTANTE HABLAR CON LOS HIJOS DE COSAS COTIDIANAS?

La mayoría de los padres saben que leerle en voz alta a sus niños les ayuda a mejorar sus habilidades lingüísticas. Sin embargo, no todos los padres se muestran abiertos para hablar con los niños sobre cuestiones cotidianas, como por ejemplo lo que sucedió en el parque o en la escuela, o bien lo que hicieron ellos durante el día. Algunos padres confunden hablar con dar indicaciones y órdenes, pero escuchan poco y conversan menos, o incluso algunos no ven por qué es bueno para los hijos contarles cosas cotidianas, tanto para asimilar mejor el lenguaje como para encontrar un nuevo canal de empatía.

Si se trata de un bebé, se atrae la atención con un juego, o una actividad placentera, nombrando los juguetes o juegos con las manos. Iniciar juegos de imitación de movimientos y gestos (aplaudir, tirar besos al aire…) y luego imitar palabras. La comunicación se torna estimulante y fortalece aspectos relacionados también con la autoestima, al tiempo que se les da a los niños la posibilidad de escuchar nuevos sonidos y nuevas palabras, y de escucharse a sí mismos, tanto como cuando solo interactúan con un solo sonido como cuando lo hacen ya con un vocabulario que los padres pueden entender. A veces, cuando se trata de niños pequeños puede ser interesante hablar delante de un espejo y que ellos se vean mientras la madre habla, ya que la suma de estímulos en este sentido es altamente estimulante.

53 / 100

¿ES EL LENGUAJE ORAL UN VERDADERO MOTOR PARA EL CEREBRO?

Recientes estudios científicos han demostrado que los primeros años de vida son determinantes para el desarrollo del cerebro y para las conquistas bio-psico-sociales de los niños. Hoy no solo se sabe cómo funciona el cerebro, sino qué ocurre en él antes y después de nacer. Se sabe que hay conexiones sinápticas que ya han sucedido durante la vida intrauterina, pero que hay otras que se producen solo después. Nacen con billones de células en el cerebro, pero es durante los primeros tres años de vida cuando la mayoría de las células en el cerebro se conectan con otras. Desde el primer instante de vida y hasta aproximadamente los diez años, las células del cerebro forman conexiones entre muchas partes del cerebro. El lenguaje oral, hablarle o cantarle a un bebé, así como a los niños pequeños, permite que se produzcan más y más conexiones. El cerebro de un bebé es increíblemente más activo que el del adulto.

Una relación de apego seguro ayuda a que el niño esté listo para aprender. El desarrollo del cerebro del niño será pues más lento cuando no haya una relación segura o cuando no sea estimulado, entre otros aspectos, con el lenguaje oral. Alrededor de los cinco o siete años, cuando comienza el podado neuronal, la desconexión de aquellos caminos que se usaron menos, el lenguaje oral sigue siendo de gran importancia, y más si va unido a experiencias afectivas. Por ejemplo, cuando la madre le habla o le canta mientras camina por el parque. Narra historias sobre aquellas cosas que ambos pueden ver. O puede visitar una biblioteca y buscar un libro adecuado a la edad y mirarlo juntos. Los padres que hablan y leen a sus bebés están ayudándoles a desarrollar importantes conexiones lingüísticas.

54 / 100

¿POR QUÉ ES IMPORTANTE ACEPTAR QUE LOS NIÑOS NECESITAN VOLVER A APRENDIZAJES ANTERIORES?

Simplemente porque sus necesidades son diferentes. Por ejemplo, durante los primeros tres años de vida no es raro caminar por la casa y ver que el pequeño va detrás o que, cuando habla por teléfono, le tira del pantalón a la madre para que le haga caso... Se trata de conductas de una fuerte necesidad de apego, motivadas por su inseguridad, absolutamente normales y pasajeras. El hecho de que un niño explore el entorno, coma solo, duerma solo o haya ampliado su círculo social, porque es más autónomo e independiente, no implica que no necesite volver a etapas anteriores de tanto en tanto.

A medida que los niños crecen, tanto sus progresos físicos, psicológicos y afectivos como su espíritu de aventura, su deseo de ser mayores o su afán de socialización les impulsan a conquistar cotas de independencia y libertad cada vez mayores, pero esto les genera también mucha inseguridad que resuelven de tanto en tanto comportándose como más pequeños y necesitados. Obviamente no todos los niños son iguales ni sus necesidades afectivas son las mismas en cada periodo de su desarrollo. Ellos a menudo se encargan de demostrarnos que si bien necesitan experimentar e indagar por su cuenta, tienen deseos de sentir la compañía, el contacto y la aceptación de su mamá (o su papá) para llevar a cabo otros proyectos y avances.

55 / 100

¿PUEDEN TAMBIÉN LOS PADRES EQUIVOCARSE Y TENER QUE VOLVER SOBRE SUS PASOS?

A veces, cuando los padres se preguntan una y otra vez hasta dónde estarán haciendo las cosas bien con los hijos, pierden de vista que esos "padres perfectos" solo existen en la imaginación. Desde mucho antes de que los hijos vinieran al mundo la mayoría han imaginado cómo se debía tratar a un niño. Después, durante el embarazo, probablemente también han planificado cómo llevarían adelante la maternidad y paternidad… Hasta que la vida por sí sola se encargó de demostrarnos que la realidad siempre supera a la ficción y que las ideas preconcebidas generalmente no sirven de mucho. En primer lugar, porque cada niño es único y, en segundo lugar, porque los hijos no son imaginarios, sino reales y por ello despiertan en nosotros muchas emociones contradictorias: alegría al verlos felices, preocupaciones si no están bien, miedo, infinitas satisfacciones, desconcierto por cómo será su futuro, plenitud… ansiedad… En suma, demasiadas sensaciones y experiencias compartidas como para caer en la trampa de querer evaluarlas de un modo general.

Por otra parte, hay un verdadero peligro, el de los *debe ser*.

Cuando los papás o las mamás se someten a este tipo de preguntas que, de un modo u otro, encierran un juicio —bueno-malo—, la inseguridad es mayor. Por ejemplo, hay padres que creen que si no hacen que sus hijos duerman solos en su habitación toda la noche a partir de los tres meses, tendrán hijos que serán consentidos. Pero, ¿qué pasa cuando las necesidades emocionales del hijo demuestran que lo que se debe hacer no es lo que hay que hacer? He ahí la clave. Si aplicamos a ciegas las pautas que hemos aprendido durante nuestra niñez, sin ver que todo ello forma parte de un ideal, y no se ve al hijo real, no es raro que sea eso lo que provoque desconcierto y ansiedad.

56 / 100

¿CUÁL ES LA PRINCIPAL ESTRATEGIA PARA SER BUENOS PADRES EN LA PRIMERA INFANCIA?

Sin duda, discernir entre las necesidades de los hijos de las nuestras. Fundamentalmente porque los hijos no solo copian aquello que ven, sino que antes de juzgar negativamente a los padres se bloquearán o se culparán a sí mismos si son mayores. Esta actitud abierta ante las verdaderas necesidades de los hijos permite rechazar de plano las respuestas automáticas y generales, del tipo "si llora ya se le pasará" o "no hay que dejar que tenga berrinches porque hará lo que quiera". Ideas que se transmiten de generación en generación, pero que no quiere decir que sea el modo más adecuado de actuar. A veces, no se aplica este principio estratégico de primer orden porque los padres esperan que los hijos se comporten como lo han hecho ellos cuando eran niños, pero pocas veces o nunca esto ayuda a un niño a que sea igual a sí mismo. Por otra parte, cuando se da prioridad a las necesidades de los padres más que a las del hijo, se pueden estar teniendo expectativas demasiado elevadas que acaben inferiorizando a los hijos. Las seis preguntas clave que debemos aprender a hacernos cuando dudamos de nuestra capacidad para ser padres son:

1. ¿Esto que le estoy haciendo o enseñándole a mi hijo es importante para él más que para mí?
2. ¿Me interesa realmente eso para él?
3. ¿Qué significado tiene para mí?
4. ¿Es importante para sus intereses y necesidades o para los míos?
5. ¿Qué fin persigo con ello?
6. ¿Se adapta lo que estoy haciendo a sus intereses, a su edad y a su manera de ser?

57 / 100

¿SIEMPRE HAY QUE IGNORAR LAS DEMANDAS REITERADAS DE LOS HIJOS?

Evidentemente dependerá del tipo de demanda. A medida que los niños adquieren más capacidad para comunicar sus sentimientos, pensamientos y emociones, más fácil será saber qué necesitan realmente. Así como los padres saben qué logros ya no necesitan elogiarse para estimularlos, porque ya están adquiridos, del mismo modo sabrán qué demandas habrá que *ignorar*. Cuando tu hijo actúa como si quisiera poner a prueba tu firmeza, lo mejor es ignorar esa conducta. Ignorar, obviamente, no quiere decir no saber qué le ocurre, sino decidir no hacer nada porque se sabe cómo actuar, así que ignorar no significa no prestar atención. Los padres pueden ignorar durante unos momentos una riña entre hermanos, o un berrinche para conseguir algo que se le ha negado. Entre el primer año y los dos años y medio, vuestro hijo reclamará especialmente vuestra atención, por ejemplo haciendo exactamente todo cuanto se le ha prohibido. Si es peligroso, *ignorar* no es lo más aconsejable. No es lo mismo no mostrar ansiedad por oírlo llorar o gritar que mirar para otro lado. Tampoco se trata de ponerse a cantar, ni a silbar, ni a escuchar la radio o la televisión a todo volumen. Aunque parezca sorprendente, muchos padres creen que ignorar consiste en esto, olvidándose de que el niño necesita saber que su padre o su madre lo están oyendo pero que no tienen nada que decirle al respecto. En medio de un berrinche te mirará para ver por qué no reaccionáis como lo hacéis siempre, entonces automáticamente disminuirá la intensidad de sus gritos y pataleos. Espera unos segundos y si ves que empieza a calmarse, habla con él en un tono de voz suave. Empieza por decirle frases como "¿ya está?", "¿estás bien?" . Cuando te responda, entonces abrázalo. No le digáis frases del tipo "era hora de que te calmaras" ni "así me gusta, que te portes como Dios manda…". Esto los humilla.

58 / 100

¿HAY QUE EDUCAR DEL MISMO MODO A TODOS LOS HIJOS?

Cada hijo es diferente. En temperamento, habilidades, dificultades de desarrollo, en la manera de aprender o de entender la realidad. Esto, naturalmente, produce que existan diferencias en como se establecen las relaciones con cada uno de los hijos. A veces, los padres pueden creer que un método educativo que ha funcionado con un hijo dará el mismo resultado con otro, y se dan de bruces contra la realidad al ver que no sirve en absoluto. Hay un mito extendido que consiste en pensar que todos los hijos son iguales, porque todos los padres afirman querer a todos los hijos por igual. Pero establecer relaciones iguales para todos no implica desconocer sus diferencias. Darles a todos los mismos beneficios materiales, ponerles a todos los mismos límites no implica que deban alcanzar las mismas cosas. Pueden tener los mismos derechos y deberes, pero una crianza positiva es adecuarse a sus características, tanto las más evidentes como las más sutiles, esto es: diferentes habilidades, sensibilidades, intereses y aptitudes. Por eso cada uno de ellos es un nuevo desafío para los padres. De este modo, si un hijo tiene más dificultades de aprendizaje que otro, esto puede requerir más apoyo de un adulto en sus tareas escolares, y que sean muy visibilizados en la familia sus logros académicos, sin exagerar y sin compararlo con nadie.

59 / 100

¿CUÁL ES EL MEJOR PROTOCOLO PARA AYUDARLOS A QUE APRENDAN A CONTROLAR ESFÍNTERES?

Alrededor de los dos años, incluso después, los padres ponen manos a la obra para enseñar a sus hijos definitivamente a controlar esfínteres. De hecho, el modo en que se realiza esta primera experiencia de algún modo sirve de precedente para prever cómo se va a desarrollar el conjunto de la experiencia y otra serie de capacidades relacionadas con el autocontrol. En efecto, si el niño no atraviesa la experiencia con tranquilidad puede ver afectada su capacidad de dominio y sumisión. En este sentido, unos padres ansiosos que fuerzan a que el hijo domine rápidamente el control de esfínteres solo lograrán el efecto contrario, es decir, que tardará aún más en descubrir que es capaz de lograrlo. Y es que la experiencia del control de los esfínteres debería ser tan natural como cundo aprendió a caminar o pasó del biberón al vaso. Si en ambos casos ganó un adelanto hacia la independencia, ¿por qué no pensar que con orden puede lograrlo fácilmente ahora? Esta confianza por parte de los padres es absolutamente necesaria porque no existe una edad fija para que su pequeño deje de usar pañales, el control de esfínteres es una condición que se adquiere cuando el niño está preparado, puede ser antes o después de los dos años. Los niños, por otra parte, dan señales evidentes de que ya desean controlar sus necesidades fisiológicas, porque se tocan, se agachan, se quedan quietos como esperando que algo pase, hace muecas… Ese es el momento en que los padres deben sentarlo de inmediato al orinal, además de hacerlo en horarios puntuales, por la mañana, después, antes de la siesta, o antes de cenar y de acostarse.

Es importante que los padres tengan en esta etapa mucha paciencia para entrenar a su hijo en el autocontrol incorporando hábitos. Para lograr el éxito es fundamental no exigirle ni tampoco imponerle castigos ni regaños cuando no lo logre, porque podría ocasionarle estreñimiento crónico o conflictos psicológicos. Para sobrellevar los "accidentes" que ocurran lo importante es tener claro que nunca se educa en el control de esfínteres con imposición, como en nada en la vida.

60 / 100

¿CÓMO DESCUBREN LOS NIÑOS SU IDENTIDAD?

Alrededor de los tres años la mayoría no solo experimentan otros cambios importantes, sino que descubren dos cosas: 1. que son muy diferentes del resto de las personas y 2. que pueden salirse con la suya, si se mantienen firmes cuando dicen "no" ante algo que se les pide. En esta fase los padres suelen sentirse confundidos porque el niño que a los dos años buscaba hacer lo que quería a toda costa parece haber quedado atrás. En apariencia, a partir de los tres años la mayoría de los niños suelen mostrarse más tranquilos y esto se debe a que tienen una mayor seguridad interior, lo que les permite empezar a dar forma a una identidad y a expresar lo que desean de un modo diferente. Obviamente, no hay que engañarse, a los tres años todavía querrán oponerse y hacer su voluntad, pero el hecho significativo es que la mayoría de los niños a los tres años, al haber internalizado la imagen mental de *papá* y *mamá*, llevarán a cabo empresas más arriesgadas sin dejar de sentirse a salvo, lo que los hará sentirse más seguros y buscar estrategias para salirse con la suya. ¡Y ni qué contar cuando lo que tienen en mente es una empresa en la que llevan rato concentrados! Y es que su espíritu aventurero no está reñido con la necesidad de aprobación y apoyo, ellos harán lo que piensan de todas formas, así que lo mejor es saber en qué andan. Ciertamente un niño de tres años no es el niño rebelde que era cuando tenía dos años, por lo que a la hora de educarlo para que cumpla las pautas de conducta no querrá ser tratado de un modo inferior a sus posibilidades, tampoco como un niño mayor, lo cual depende del grado de confianza con que es tratado. Sin contar que los padres no deberían olvidar que a estas edades la mayoría de los niños ya han aprendido que las acciones siguen un cierto orden y que son muy hábiles en saber cuándo y cómo oponerse para hacer lo que desean.

61 / 100

¿CÓMO OBSERVAR LA AUTOESTIMA DE LOS NIÑOS?

La autoestima de un niño se construye a partir de lo que de él han reflejado sus padres, de la aceptación que han tenido sobre su persona y sus características individuales y diferentes de los padres. Un buen decálogo de preguntas para conocer hasta dónde se está cuidando la autoestima del hijo es:

1. ¿Permito que hable sin ponerlo especialmente nervioso?

2. ¿Corrijo a menudo, por ejemplo, su dicción sin dejar que hable libremente?

3. ¿Me adapto a comprender fácilmente su evolución en el lenguaje?

4. ¿Uso frases adecuadas a su edad para que me entienda mejor y se sienta más tranquilo?

5. ¿Qué sentimientos expresa con su cuerpo realmente cuando intenta expresar lo que le pasa? ¿Preocupación? ¿Aburrimiento? ¿Desencanto? ¿Compasión? ¿Temor? ¿Impaciencia?

6. ¿Cambia el tono de voz cuando teme a algo o a alguien y desea mostrarse más agradable, exigente, autoritario o desvalido, por poner un ejemplo?

7. Cuando se le llama la atención… ¿Repite sílabas? ¿Tartamudea? ¿Mira directamente a los ojos? ¿Evita la mirada?

8. ¿Cuál es la reacción de vuestro hijo cuando percibe que verdaderamente lo estáis escuchando? ¿Se comporta como si fuera un niño mayor? ¿Usa más palabras de lo habitual o hace un esfuerzo por ser entendido?

9. Cuando se enfada… ¿Se identifica más con la forma de hablar del padre? ¿Se identifica más con la forma de hablar de la madre?

10. ¿Con frecuencia se aísla del grupo familiar como si se sintiera invadido o no tenido en cuenta?

62 / 100

¿TIENEN SEXUALIDAD LOS NIÑOS?

Demasiado a menudo los padres pierden de vista que los niños son seres sexuados, que viven su desarrollo sexual de una manera viva y altamente estimulante durante su desarrollo. Todos los niños exploran y descubren sus placeres sensuales, por lo que es importante que los padres les den mensajes claros a fin de permitir que el niño se desarrolle armónicamente hasta llegada la adolescencia. Para ello, unos padres bien informados pueden ser de gran apoyo. Los padres poco informados sobre cómo evoluciona la sexualidad de los niños tal vez pongan límites innecesarios, o los hagan sentirse culpables por imponerles la misma educación que ellos han recibido. Es por ello que en primer lugar habrá que tener en cuenta que los cambios corporales que experimenta son indicadores de que la sexualidad también cambia. Por ejemplo, desde el nacimiento hasta aproximadamente el año y medio la fuente de placer sexual del niño es esencialmente oral, y se ve en conductas como mamar, chupar, llevarse todo a la boca. A partir de los dos años y medio, aproximadamente, la mayoría de los niños descubren sus genitales, pero será recién después de los tres años cuando se enfocarán todavía más en tocar las partes de su cuerpo que les resulten más placenteras. En esta etapa comienzan con el logro de su identidad sexual, es por eso que los niños evitan orinar como las niñas y viceversa. Alrededor de los cuatro años, hay una mayor curiosidad por la diferencia de genitales y se comparará con otros niños y adultos, también les llamará especialmente la atención la desnudez, y muchos se avergüenzan si los padres, por ejemplo, los desnudan en la playa, porque aparece por primera vez el pudor.

63 / 100

¿EN QUÉ MOMENTO LOS NIÑOS APRENDEN A PASAR DEL ADULTO?

Entre los cinco y los seis años, muchos niños ya han aprendido a mostrarse indiferentes ante las órdenes o los mandatos de los padres.

¿Cómo saber cuándo realmente están pasando del adulto o cuándo están tan metidos en "su mundo" que no oyen nada? Una de las cuestiones importantes que los padres deben saber de esta etapa es que los niños juegan a identificarse con objetos, personajes imaginarios, animales u otros niños porque de ese modo descubren su personalidad. Mientras juegan a "soy esto y no soy lo otro" es probable que no respondan, por ejemplo, cuando desde hace media hora que la madre los llama… La razón es que mientras el niño interpreta un determinado papel descubre, por ejemplo, cuánto le agrada ser fuerte y suave como un oso. Estos juegos del "como si…" (como si fuera un oso, una ardilla, una marioneta…) le sirven para poner orden a su a veces caótico mundo interior y en esos momentos nada es para ellos más interesante. Por esa razón, a veces mientras solo permanece atento a que siente puede ser que verdaderamente no oiga nada que provenga del mundo exterior, excepto que se le reclame su atención. En estos casos, el niño no está pasando de ti. Está descubriendo lo que rechaza, lo que desea y todo aquello que no le sirve para sentirse bien mediante identificaciones. Le está dando un orden interno a su vida. Por esta razón los padres nunca deberían atribuir a los hijos cualidades especiales como capacidades irreales de manipulación o para boicotearles. Solo se trata de juegos identificatorios en el que los niños están en su mundo, interpretando tantos papeles como desean.

64 / 100

¿EXISTE EL NIÑO LÍDER?

Para muchos padres los hijos pueden ser listos, pero nunca líderes. Sin embargo, pocas veces saben que un niño líder es aquel que tiene un nivel de autoestima adecuado, ni muy alto, ni muy bajo, pero que se interesa por el bienestar de los demás, y que tiene una imagen de seguridad y de saber lo que quiere. Estas cualidades, altamente valoradas por los grupos, colocan a los niños que las tienen en un lugar de liderazgo importante, en especial si sabe cómo manejarse en situaciones que supera a la mayoría. Pero también la capacidad de redirigir sus pasos cuando las situaciones parecen darse la vuelta. Es decir, lo que a otro niño le haría sentirse inseguro, a él le sirve para desplegar sus habilidades sociales, su simpatía, sus aptitudes intelectuales y su alto nivel de adaptabilidad. Tampoco hay que olvidar la capacidad del niño líder para comunicarse con sus compañeros y ser un interlocutor fiable capaz de sacar conclusiones que benefician a la mayoría o que agradan a la mayoría, sin hacer críticas ni positivas ni negativas de nadie. Esto lo coloca en un lugar privilegiado, ya que es capaz de calmar el estrés del grupo.

65 / 100

¿POR QUÉ LA MIRADA ES UN CANAL DE COMUNICACIÓN ESPECIAL ENTRE LOS PADRES Y LOS HIJOS?

Sin duda, mirar a los hijos para captar su atención no solo es una de las mejores estrategias de comunicación, sino que es un canal emocional y psicológico de conexión empática. Los niños que no son mirados, incluso desde que son bebés, tienen más dificultades para conectar y captar la empatía del adulto y, cuando son mayores, para expresar sus emociones. Cuando los padres comprenden el valor de la mirada, también aprenden a ponerse en lugar del hijo sin juzgarlo, y sí para comprenderlo. Por ejemplo, comprenden cuando un niño está abstraído, y lo respetan, algo común entre los tres años y los cuatro y medio, época en la que los niños invierten mucho tiempo en identificarse con aquello que conocen para descubrir sensaciones y emociones nuevas. Entonces el encuentro de miradas se sostiene por la comprensión del adulto, que sabe cómo traer lentamente a la realidad al niño. Y es que es un error extendido creer que la comunicación entre padres e hijos solo es verbal. Los bebés y los niños hacen lecturas casi perfectas del tono corporal de los padres, los gestos y la mirada. Si la mirada es de amor incondicional, aceptación, entusiasmo, respeto por un ser humano que es diferente de los padres, el hijo desarrollará una autoestima fuerte, una personalidad saludable y unas buenas relaciones sociales. Y es que intercambiar miradas afectivas y efectivas beneficia de por vida a los niños, pero también a cada miembro de la familia. Desde pequeños encontrarán en la familia un buen territorio donde comunicar, explorar y llevar a cabo sus ideas, y sentirán que sus opiniones son escuchadas.

66 / 100

¿UN NIÑO ES MÁS MIEDOSO SI LOS PADRES LO SON?

Sin duda. Cuando los padres se sienten ansiosos ante situaciones cotidianas, y experimentan miedo, el hijo copiará de algún modo estos comportamientos. Por ejemplo, los padres tímidos, excesivamente tímidos, que experimentan miedo a las críticas o juicios de los demás, acaban pasando algunos de estos comportamientos a los hijos. Es lo que se conoce como herabilidad, que, a diferencia de la herencia, se refiere a comportamientos sociales adquiridos. Por ejemplo, los niños aprenden a focalizar la atención a aquello a lo que temen, o aprenden a autogenerar una gran cantidad de guiones irreales y catastróficos debido a la situación de amenaza que experimentan. Los hijos acaban experimentando lo mismo que los padres: tendencia a la soledad, bajo nivel de autoestima, una gran timidez y miedo tanto a los afectos como a cualquier relación que implique mantener o establecer un compromiso —sumado a que para muchos de ellos la realidad solo se mueve en las directrices bueno-malo—. En China y Corea, el fenómeno colectivo cumple también un papel importante, ya que el temor a decir lo que piensan, cuando con ello transgredan las normas rígidas que a través de la familia son impartidas por tradición, agiganta la sensación de impotencia al creer que con ello traicionan sus orígenes. Desde este punto de vista, puede comprenderse que muchos de los trastornos importantes de la personalidad, como aprensiones, trastornos por evitación, fobia social, inhibición, ataques de pánico o excesiva timidez, tengan su origen en el miedo a no ser aceptados, y que haya en la familia un progenitor o alguien de la familia extensa que también lo padezca.

67 / 100

¿CAMBIAN LOS MIEDOS EN LAS DIFERENTES ETAPAS?

Cuando los niños son pequeños, temen ser abandonados, o que a sus padres les pase algo malo, o a ellos mismos. En general, también puede ocurrir que los miedos giren en torno a lo que ven en la televisión, y a lo que imaginan. De los cuatro a los siete años los niños encajan mucha fantasía en sus miedos. También hay que tener en cuenta que a veces les asustan los sonidos estridentes, la oscuridad, la sirena de los bomberos o el ladrido de un perro. Alrededor de los siete u ocho años, el miedo es más social, se proyecta hacia el grupo, pueden tener miedo a la gente y sentirse incómodos, molestos, tensos… Obviamente, los padres no tendrían que poner límites a la expresión de estas emociones y conocer qué les causan estos estados. Un abrazo a veces basta para que recuperen el equilibrio. Por fortuna, una de las ventajas de esta etapa es que pueden expresar lo que les pasa con bastante precisión. Si son pequeños, usarán el lenguaje de su cuerpo, así que un tono de voz más grave que agudo por parte de la madre puede ayudarles a bajar el nivel de estrés, y un abrazo. Cuando tienen tres o cuatro años, demandas con constantes repeticiones también puede indicar que está sintiendo miedo. Ahora bien, y si el niño corre por la casa gritando "mamáaaaaa, me persigue un monstruo…", es obvio que se trata de un juego. En cualquier caso, los padres deberían prohibir a ciertos adultos asustar a los niños con monstruos, hombres de la bolsa o cualquier otro personajillo horrendo que suele salir de la mente de los adultos cuando consideran que los niños se comportan inadecuadamente.

68 / 100

¿POR QUÉ ES IMPORTANTE EJERCER DISCIPLINA CON RESPETO?

Julián tiene tres años y medio. Cada vez que se enfada sus padres le dicen que está feo, "este niño no me gusta" o "cambia esa cara que así me aburres". Es evidente que lo que los padres de Julián no saben es que la expresión de los sentimientos es una respuesta emocional necesaria. Un niño, al igual que un adulto, no puede evitar estas expresiones. Es por ello que enseñar disciplina respetando sus sentimientos les da pautas para respetarse a sí mismo y respetar a otros. Del mismo modo, cuando se les dice a los hijos que "estar enfadado es una tontería", desconocen que los sentimientos son naturales, y que no es saludable demostrarles que hay aspectos de su persona que no aceptan, cuando lo que no se aceptan deberían ser solo los actos. Sin duda, la antigua creencia de que hay sentimientos buenos y malos es lo que impide separar las acciones de los sentimientos, lo que lleva a juzgar al hijo más por lo que siente o piensa que por lo que hace, cuando es pequeño.

Por otra parte, la negación de sentimientos no solo perjudica la autoestima de los niños, sino que puede dañar las relaciones familiares, generar efectos negativos como tener más miedo a aquello de lo que no pueden hablar, o bien acumular emociones dolorosas hasta llegar a comportamientos negativos. Hablar de sentimientos con los hijos desde que son pequeños los libera y les ayuda a reforzar vínculos positivos. ¿Cómo? Pues como hizo una madre que conocí hace tiempo. Su hijo de cuatro años había sido mordido por un perro y después de que todo pasara decidieron darle un color a las sensaciones desagradables y otro a las agradables. Por ejemplo, el gris y el marrón se referían al temor a un perro, al miedo al daño físico. El niño aprendió luego a diferenciar sentimientos como el miedo, estar nervioso, estar asustado…

69 / 100

¿CÓMO MANEJARSE ANTE LA FANTASÍA DESBORDADA DE LOS NIÑOS?

A medida que los niños crecen, la imaginación también cambia y, a causa de ello, puede suceder que a veces los niños no distingan entre sus fantasías y sus deseos y lo que realmente ocurre en el mundo real, y más aún si se trata de un niño creativo. Para algunos padres, no obstante, puede ser necesario desterrar el mito de que los niños mienten siempre, y pocas veces se detienen a pensar que la imaginación y la fantasía de un niño no es algo que funciona independientemente de sus experiencias y del modo en que ve el mundo, sino que es precisamente desde ese lugar donde comprenden lo que les rodea. Por ello, tratar a los niños de "mentirosos", burlarse, simplemente porque el niño es imaginativo, acaba haciéndolos sentir culpables. Más aún cuando sus historias ficticias no siempre son el resultado de un simple juego, sino que nacen a partir de una necesidad. En algunos casos, cuando la necesidad de fantasía es grande, algunos niños fabulan para escapar del mundo real con la idea de un *amigo invisible* con quien entablan un tipo de relación más cordial que la que vive en su hogar. Si el niño está permanentemente controlado por sus padres y percibe que el mundo es un sitio peligroso, o bien si no se adapta a un nuevo colegio o ha nacido un hermano, por ejemplo, puede valerse de un amigo imaginario para superar la sensación de soledad y sentir que es aceptado. Por eso, el amigo imaginario no es siempre una copia exacta de lo que es él, a veces, puede tratarse de una representación de aquellos aspectos que él desearía tener para no sentir rechazo, miedo, abandono o soledad.

70 / 100

¿CÓMO ENSEÑAR A LOS HIJOS A RESPETAR LOS SENTIMIENTOS DE LOS DEMÁS?

En primer lugar no sobreprotegiendo y dando pautas claras, y por supuesto siendo coherentes con ellas. Desde los dos años aproximadamente, lo fundamental para un niño es que aprenda cuáles de sus comportamientos son negativos, que sepa distinguir tanto lo que le daña como lo que no, pero también lo que daña a otros. De lo contrario, es probable que en el afán de estar con otros niños no sepa protegerse a sí mismo debido a que las pautas son confusas. (Por ejemplo, si a un niño se le prohíbe pegarle a otros niños y los padres se acostumbran a reprenderlo continuamente y ven permanentemente errores, es altamente probable que pegue por imitación y se sienta culpable cada vez que sus padres lo reprendan.) También hay que tener en cuenta que hasta que vuestro hijo no tenga más de cuatro años no hay que olvidar que para él el proceso de socialización puede ser muy difícil y como consecuencia de ello puede estar mucho más ansioso que de costumbre. No obstante, si la comunicación que mantenéis con vuestra hija o con vuestro hijo es auténtica y transparente, es decir, si ve que no hay mensajes ambiguos y contradictorios, fácilmente podrá interactuar con el medio y adaptarse a la realidad que lo rodea, descubriendo nuevas sensaciones y percepciones positivas acerca de cómo es y cómo debe conducirse con las personas de su edad. En especial, porque para él hasta ahora el mundo eran solo "papá, mamá y el bebé" y los conflictos no le resultaban tan significativos, ya que siempre existía la posibilidad de acomodarse fácilmente a vuestras *actitudes* y a todos los mensajes transmitidos por vosotros.

71 / 100

¿CÓMO HABLAR DE LA MUERTE CON LOS NIÑOS?

¿Quién no ha escuchado alguna vez de boca de un niño de cinco años "¿mamá, el abuelo se va a morir?".

O preguntas como la que hizo una niña de siete años a su madre: "Después de que se muera toda esta gente que camina por la calle, ¿nos moriremos nosotros?"

Es evidente que la espontaneidad de los niños para este tema puede sobrepasar la capacidad de respuesta de muchos padres. Probablemente porque saber lo que entienden cuando se refieren a la muerte en cada edad no es tan fácil como parece, ni la naturalidad con la que lo plantean. Por ejemplo, una niña preguntó inesperadamente en un restaurante a su madre: "Mamá, ¿los muertos comen?" Pero, ¿ello implica dejarlos sin la respuesta? Evidentemente hay que hablarles de un modo acorde a su edad, así como evitar las respuestas inciertas, porque para los niños morir equivale a no poder hacer nada, no poder caminar, ni ver, ni sentir. Más aún si ha habido alguna pérdida familiar reciente o si hay alguien ingresado en el hospital.

Y es que en muchos casos, incluso mientras juegan y parecen no enterarse de nada, suelen estar muy pendientes de los comportamientos, reacciones y comentarios de las personas mayores cuando perciben que algo ocurre en la familia y que se les oculta.

Los niños son magníficos observadores, casi perfectos detectives capaces de percibir nuestras más profundas emociones.

Ellos, aun sin comprender las palabras, son capaces de dar un sentido casi exacto a los silencios, así que cuando los padres desvían el tema de la muerte, porque intentan liberar a sus hijos de la angustia o de la tristeza que pueda causarles, lo cierto es que sin darse cuenta aumentan en ellos los temores.

72 / 100

¿CÓMO ENTIENDEN LA MUERTE EN CADA ETAPA DE CRECIMIENTO?

Algunos niños empiezan a formular preguntas alrededor de los tres años, pero perciben que morir es algo reversible.

La muerte no es aún un estado definitivo. Aún no se sienten vulnerables, y tienen un concepto bastante limitado, pero sobre el que algunos niños indagan porque ven insectos o pájaros muertos.

Algunos es posible que quieran examinarlos de cerca, pero aún sus preguntas concretas no implican que deseen saber qué ocurre físicamente cuando una persona muere. Entre los cuatro y los seis años ya no perciben que la muerte ocurre solo a otras personas, así que por primera vez ellos tendrán que hacer el esfuerzo de entender algo que no aceptan, y se sienten muy vulnerables. Algunos niños lloran y sienten una profunda tristeza, otros, sin embargo, lo resuelven mediante la fantasía. Es un proceso complejo en el que están en juego la razón y los sentimientos, también los miedos. Hasta los cinco años todavía viven "entre dos mundos" (el de la imaginación y el mundo real), así que las cosas pueden ser para ellos tanto de una manera como de otra, y entonces pueden adecuar la realidad a sus necesidades emocionales, dejando que la fantasía tome la delantera, lo que no quita que ante la pérdida de una mascota o de un ser querido sientan tristeza por lo que ha pasado, o rabia por haber sido abandonado, miedo a que le dejen solo, temor a que también pueda morir su padre o su madre, incluso sentimiento de culpa por creer que es culpable si uno de ellos ya ha muerto. Entre los siete y los ocho años lo que más les preocupa es qué ocurre después de morir, así que una respuesta interesante puede ser la imagen de la oruga cuando se convierte en mariposa, a fin de que comprendan que la vida es un proceso similar.

73 / 100

¿CÓMO DESARROLLAR LOS TALENTOS DE LOS NIÑOS?

Desde muy pequeños, los niños muestran talentos relacionados con las ocho inteligencias de Howard Gardner, que los padres pueden potenciar con actividades simples:

1. La inteligencia lingüística consiste en la capacidad de usar el lenguaje para expresarse, ya sea a través de la escritura u oralmente. Las actividades comunes consisten en proporcionarle libros, juegos lingüísticos, escuchar cuentacuentos…

2. La inteligencia lógica-matemática se refiere a la capacidad de analizar problemas de forma lógica. Aquí también se pueden poner al alcance del niño puzzles, el cubo de Rubik, artilugios para experimentos científicos y juegos que permitan la resolución de problema matemáticos, siempre acordes a la edad.

3. La inteligencia musical es una de las primeras que se detecta, ya que los niños perciben diferencias acústicas y rítmicas desde edades muy tempranas.

4. La inteligencia espacial es fácil de detectar porque el niño se orienta en el espacio con facilidad, crea objetos con cubos, presenta ideas espaciales, crear imágenes mentales.

5. La inteligencia corporal-cinética consiste en la capacidad para realizar actividades que requieren fuerza, rapidez, flexibilidad, coordinación óculo-manual y equilibrio.

6. La inteligencia interpersonal se manifiesta por la capacidad de entender las intenciones, motivaciones y deseos de otras personas.

7. La inteligencia intrapersonal: consiste en la capacidad de entenderse a uno mismo, y apreciar las motivaciones, los sentimientos y los miedos que se sienten. Implica crear un modelo de nosotros mismos que funcione para trabajar de forma efectiva y poder regular nuestras vidas.

8. La inteligencia naturalista consiste en la capacidad de observar, identificar y clasificar a los miembros de un grupo o especie natural y su deseo de investigar.

74 / 100

¿CÓMO PASAN DE LA ETAPA DEL "POR QUÉ" AL "CÓMO"?

Hasta los cuatro años, aproximadamente, los niños atraviesan la *etapa del por qué*, pero a partir de esta edad lo que más les interesa es "cómo" suceden las cosas. Aunque su mundo todavía está entretejido de acontecimientos reales e imaginarios y no tiene un pensamiento lógico, su actitud científica los lleva a indagar, a observar los procesos, a descubrir semejanzas y diferencias, a clasificar… Y cuando no comprenden algo, generalmente encuentran en la fantasía una respuesta a su medida. De hecho, como incluso hasta los cinco años todavía viven "entre dos mundos" (el de la imaginación y el mundo real), las cosas pueden ser para ellos tanto de una manera como de otra, y entonces pueden adecuar la realidad a sus propios intereses a su antojo. ¡Y esta es la razón principal (y no otra) por la cual a veces les sigue resultando complicado darse cuenta de que sus actos negativos tienen consecuencias negativas!… aunque igualmente se esforzarán por averiguar hasta el último detalle si ha ocurrido algo en donde se han visto especialmente implicados. De hecho, si perciben que en la familia hay un ambiente de tensión y algo se les oculta, no solo su fantasía se disparará y sentirán temor, sino que se sentirán con poca confianza para seguir expresando sus dudas e incluso inhibidos, al considerar que tal vez están haciendo algo indebido. De hecho, indudablemente muchos padres temen pasarse de información cuando toca responder los "cómo" de un niño, pero lo cierto es que las dudas y temores de los padres nunca son tan graves como las fantasías que pueden crear nuestros hijos frente a una situación que les causa temor. Así que si no sabéis qué responder ante una pregunta de vuestra hija o vuestro hijo que os resulte especialmente difícil, decid: "tengo intenciones de compartir contigo lo que me pasa, pero dame tiempo para pensar cómo voy a explicártelo", o bien "intentaré tranquilizarme y ver las cosas más claras antes de contarte lo que me sucede" (y por supuesto cumplid a la mayor brevedad de tiempo). Tened en cuenta que solo si demostráis que sois coherentes y que es verdad cuando afirmáis que con mentiras no se llega a ninguna parte, él o ella no solo sabrá que puede confiar en vosotros, sino que le será más fácil aprender a expresar sus sentimientos íntimos cuando busque vuestro apoyo…

75 / 100

¿HAY REALMENTE PREGUNTAS DIFÍCILES DE RESPONDER?

En ocasiones, puede ocurrir que los niños hagan preguntas tan complicadas de responder que los padres se sientan atrapados. Una amiga periodista me contó en una ocasión que su hijo de seis años llegó un día del colegio diciendo que un compañero le había dado un beso en la boca. Ella no se espantó, pero quiso saber cuál fue la respuesta de su hijo: "Le dije que no me gustaba." Entonces ella le explicó que darse besos en la boca no es algo que hacen los niños y prosiguió: "Todo lo que te haga sentir incómodo debes rechazarlo porque nadie puede hacerte algo que tú no quieres." Su intención era enseñarle a poner límites, a hacerse respetar y a prevenir el abuso sexual entre menores con diferencias de edad. Ante preguntas de este tipo, hay que ser conscientes de que si el niño ve al padre o a la madre asustada y siente miedo, la próxima vez callará, así que hay que indagar con tranquilidad, por más que las preguntas de los hijos pongan los pelos de punta. No obstante, en una sociedad digitalizada como la nuestra, no hay pregunta que no se pueda responder con éxito. Es importante no dar a los niños respuestas inciertas, más aún cuando se trata de temas relacionados con una enfermedad grave, la adopción, sexualidad o la muerte. Decir siempre la verdad tomándose tiempo para pensar la respuesta a veces es lo mejor. Se le puede decir a un niño hasta de tres años: "tengo intenciones de responderte, pero dame tiempo para pensar cómo voy a explicártelo".

76 / 100

¿CÓMO FOMENTAR EL SENTIDO DEL HUMOR?

El humor es una vía de escape excelente para liberar tensiones e incluso para fomentar una disciplina positiva. Mediante el humor, tanto niños como adultos están preparados para descubrir distintas posibilidades frente a una misma situación, a desdramatizar y, como consecuencia de ello, a desarrollar una mayor inventiva y a resolver asuntos cotidianos con mayor creatividad. Sin contar que recientes investigaciones han demostrado que el humor da confianza, equilibrio y un gran aporte de energía extra. Desde los cuatro o cinco años, mediante los juegos del "como si…" (como si fuera una mamá, como si fuera un bebé, como si fuera una planta, como si fuera un tigre, como si fuera un papá, como si fuera una gaviota, como si fuera una piedra…) los niños aceptan e incluso buscan la complicidad de los padres mediante el humor, transgrediendo la realidad pero también les da la posibilidad de reírse de aquello que les desagrada, que les sorprende o les frustra; de burlarse e incluso de desafiar a los padres cuando las normas son muy estrictas; por ejemplo, cayendo al suelo y tras llorar por haberse ensuciado la ropa reír a carcajadas. Es como si dijera "hago que me he caído y que me he ensuciado, cosa que a vosotros os desagrada, pero ambos sabemos que no es verdad". Los padres también pueden potenciar el humor inventando historias divertidas y absurdas recortando figuras de distintos animales y poner a uno los pies, la cabeza o el cuerpo de otro…; contar dos cuentos mezclados. A partir de cinco años, por ejemplo, el de *Blancacienta*, alternando secuencias del cuento de *Blancanieves* y del de *Cenicienta*, jugando con trabalenguas; cantar juntos canciones que él o ella conozcan y pero equivocándose siempre en una misma palabra que se repita.

77 / 100

¿QUÉ HACER CUANDO TUS HIJOS SE SIENTEN FRUSTRADOS?

Entre los cuatro y cinco años, muchos niños se sienten realmente mal cuando, tras querer llevar a cabo una idea, lo único que consiguen es acumular frustraciones. En tales casos, los niños suelen mostrarse tan arbitrarios, autoritarios y dogmáticos que no ven que puede existir otro modo de hacer las cosas, y tampoco aceptan ninguna idea. Más aún, no es de extrañar que cuando se sienten frustrados corrijan a su madre o a su padre cuando dicen algo que para ellos es diferente de lo que conocen o puede que, en medio del supermercado, armen verdadero escándalo sencillamente porque no está la caja de cereales que generalmente consumen. En efecto, los cuatro y los cinco años tampoco se caracterizan por su sentido ético, ¡y ni qué contar cuando se imponen ante los demás a gritos! Todo esto es más que suficiente para que los padres quieran conformarlos pero lo mejor es armarse de mucha paciencia. El autoritarismo de un niño de cuatro años puede llegar a límites insospechados ya que además, como se dejan llevar por impulsos, no dudarán en decir y hacer lo primero que les venga a la mente. Algunos padres creen que el único modo de parar tanto ímpetu es o bien solucionando todo lo que les sale mal, o bien avergonzándolos, lo cual a menudo empeora las cosas, y no es raro que el niño acabe recriminándole a los padres que no es él el causante del problema: "Si no me hubieras traido aquí, yo no te habría gritado", o bien "a ti se te ocurrió comprar cereales, no a mí". En algunos casos, cuando el dogmatismo los lleva a rivalizar tanto con los adultos como con otros niños, suelen además mostrarse intolerantes e incluso manifestar conductas agresivas. Esto, lógicamente, no quiere decir que la mayor parte del tiempo no se comporten de un modo amistoso y que sean comprensivos y cariñosos, pero lo cierto es que cuando desean controlar la situación y se sienten limitados por algún motivo son capaces de organizar verdaderas luchas de poder, por ganar en los juegos, o vencer en algún aspecto a sus hermanos y hasta por competir abiertamente por el cariño de los padres.

78 / 100

¿QUÉ CAMBIOS ACONTECEN EN LA VIDA DE UN NIÑO ENTRE LOS SEIS Y LOS NUEVE AÑOS?

Alrededor de los seis años, los niños vuelven a experimentar importantes cambios físicos y emocionales. En especial el aumento de estatura provoca un desorden respecto de su imagen corporal, haciéndolos a veces parecer incluso distraídos o torpes. Algo así como si en muy poco tiempo hubieran quedado definitivamente atrás las formas que caracterizaban al niño pequeño y la seguridad de sus movimientos. No será raro ver que el niño se cae con frecuencia, que calcula mal los espacios por donde va a pasar y que a menudo se golpea… Sí, ¡como si no "mirasen por donde van"! A esto, no obstante, hay que sumarle que desde el punto de vista emocional y psicológico la etapa de los seis años a los siete y medio es muy parecida a la que vivieron cuando tenían dos (*etapa de la oposición*), con lo cual no es raro que pasen de una emoción a otra diametralmente opuesta en fracciones de segundo debido a que se sienten inseguros frente a los cambios que experimentan. Por ejemplo, un niño le puede decir a su madre que la ama y a los dos segundos que la odia. Como es de imaginar, esta permanente tensión interior, a menudo les impide quedarse quietos en algún sitio, incluso los hace estar con malhumor, mostrarse contradictorios, inconformistas, impacientes, críticos, o tomándose todo lo que se les dice de un modo dramático y exagerado. Sin contar que, como se excitan fácilmente, los padres deberán muchas veces ser extremadamente cuidadosos con sus palabras, si desean un poco de tranquilidad en el hogar debido a que suelen mostrarse muy sensibles. Por esa razón, si bien es cierto que, por lo general, esta tendencia a ir de un extremo a otro, de la total pasividad a la actividad sin descanso, de la necesidad de estar solos a querer hacer cada día una fiesta, es propia y natural de esta etapa, los padres no deberían formularles preguntas del tipo "¿se puede saber qué te pasa?", "¿te quedarás quieto en algún momento?", o bien "¿es que no tienes amigos con quienes jugar un rato?". A estas edades lo más probable es que no sepan qué contestar y se sientan confusos, y que reaccionen replegándose porque… ¡simplemente están así!

79 / 100

¿QUÉ TENER EN CUENTA A LA HORA DE EDUCARLOS EN ESTA ETAPA?

Si vuestro hijo tiene seis años o más, lo más efectivo es utilizar vuestras habilidades de persuasión, ya que de lo contrario le estaríais dando argumentos para que lleve a cabo uno de los principales objetivos de esta etapa: enfadarse para intentar separarse emocionalmente un poco más de su madre. La prueba de esta confusión interior también es fácilmente observable en cuestiones cotidianas, ya que les cuesta mucho decidirse, por ejemplo entre dos prendas diferentes o dos comidas que le agradan. ¡Ellos intentarán por todos los medios tanto ponerse las dos cosas como comer los dos platos que se le ofrecen! No es de extrañar entonces que seáis vosotros quienes os alarméis frente a esta permanente duda para elegir, en apariencia porque pareciera de no tratarse del mismo niño decidido que conocíais cuando tenía cinco años. En tal caso, lo aconsejable para que la comunicación siga siendo fluida es darle mensajes concisos directos y positivos, evitando especialmente los sermones. Es decir, ¡no pertenecer al grupo de padres que hablan demasiado! En este sentido, si a vuestro hijo de seis o siete años le cuesta, por ejemplo, despertarse temprano por la mañana para ir al colegio aun sabiendo que lo debe hacer, jamás habría que decirle: "¿Vas a seguir durmiendo o te levantas? Siempre me haces lo mismo, sabes que tengo que trabajar, por qué me haces esto... ¡Levántate de una vez!" Lo más conveniente sería que le dijerais: "Salimos en 10 minutos." E ir avisándole cada tres minutos del tiempo que queda... Sin dramatizar ni reprochar, ni darle largas explicaciones. Esto, además de fomentar una disciplina coherente, los ayuda a sentirse responsables de sus acciones.

80 / 100

¿POR QUÉ ES NECESARIO DESECHAR LAS LARGAS EXPLICACIONES A PARTIR DE LOS SEIS AÑOS?

Para los padres tal vez no sea tan sencillo dejar de tratar a vuestro hijo como cuando tenía cuatro o cinco años (época en la cual dabais quizás larguísimas explicaciones para todo), pero lo cierto es que ellos deben empezar a demostrar no solo que son capaces de hacer cosas maravillosas, sino que además pueden hacerse cargo de sus obligaciones. A menudo, incluso puede ser conveniente limitar una conducta negativa utilizando frases del tipo "esto que haces me enoja", o bien "necesito tiempo para pensar cómo voy a considerar tu conducta", dando así un espacio de tiempo para que él o ella puedan medir las consecuencias de sus actos por sí mismos y deponer su actitud. Otra fórmula interesante consiste en pedirles ayuda para que colaboren en la resolución de un problema. Si tu hijo tiene por costumbre llamar a gritos desde su habitación para que le traigáis algo, reprocharle que eres su madre, pero no su sirvienta o que si quiere algo se lo vaya a buscar él, puede dar resultados a largo plazo pero, mientras tanto, os resultará difícil sobrellevar este tipo de situaciones conflictivas. Así que tanto en este caso como cuando se ponen a ver televisión en lugar de hacer los deberes, o si usan el teléfono indiscriminadamente cuando no estáis, tenéis dos opciones: la primera, que le propongáis buscar juntos una solución, ya que tanto para vosotros como para él su actitud representa un problema. La otra, recordarle los beneficios que ha obtenido cuando se ha comportado responsablemente: tranquilidad, más juegos, buen humor…

115

81 / 100

¿CUÁLES SON LOS MIEDOS DE ESTA ETAPA?

Alrededor de los seis años y medio o siete, los temores de los niños (si bien mantienen algunas características de la etapa anterior) están referidos más a su persona, a que algo malo les suceda y al dolor físico. Por ejemplo, pueden tener un mayor temor a ser mordidos por un perro, a nadar, al dentista, a quemarse cuando se bañan, a perder una parte del cuerpo… Muchos niños de esta edad no solo por ello se niegan a bañarse, sino que acostumbran a mirar repetidas veces cada noche debajo de la cama para ver si allí se ha escondido alguien que les pueda hacer daño, y no es raro que algunos decidan dormir en cualquier otra parte de la casa con la excusa de sentirse más protegidos, por si algún desconocido entra en su habitación por la noche. Del mismo modo, tampoco entrarán solos en una habitación que desconocen, ya que la sombra de un abrigo proyectada en la pared puede asustarlos tanto como un leve movimiento de la puerta de un armario o el crujir de una madera. Por esa razón, seguramente, observaréis perplejos que ahora vuestro hijo no querrá ir solo a un sótano o al altillo (cosa que antes hacía sin problemas), ¡sencillamente porque teme que algo le pueda suceder! Tampoco entrará en casas abandonadas y evitará ir a sitios desconocidos que le den inseguridad, como caminar por una calle que está oscura (aunque vaya con uno de vosotros) o subir a una montaña cuando se está haciendo de noche. Y es que la tensión interior que vuestro hijo o vuestra hija experimenta por los cambios de su cuerpo, junto con estos temores, puede provocarle una gran ansiedad que a menudo también se extienden a sus actividades, por ejemplo, padecer insomnio, permanecer rígidos mientras hacen los deberes del colegio, levantándose casi de madrugada y no poder dormir por creer que van a llegar tarde a clase… Sin duda, dependerá de vosotros aliviar el clima de tensión si detectáis este tipo de conductas. Por ejemplo, no dejando que los niños miren programas de televisión que agudicen sus miedos; no contando historias de desaparecidos o de deformaciones en su presencia, al menos hasta que sea mayor y comprenda que eso no tiene por qué sucederle a él. También ayudándole a organizar sus actividades para que disponga de más tiempo; dialogando sobre sus miedos y, por supuesto, encontrando soluciones conjuntas para que no se sienta tan mal. Por lo general, como el miedo a que se muera su madre, sus hermanos y algunos de sus amigos es lo que más lo atormenta, también se mostrará especialmente preocupado por indagar en las causas que provocan la muerte de una persona. Por ejemplo, para vuestra hija o para vuestro hijo no será lo mismo que alguien muera de vejez a alguien que muere porque es asesinado o atropellado por un coche. De hecho, algunos niños de esta edad sienten verdadero pánico a ser hospitalizados, lo manifiesten o no, porque para ellos es el lugar donde la gente va a morir. A veces, incluso, temen morir mientras duermen, y esa es la razón principal por la que padecen insomnio. Vuestro hijo, sin duda, podrá hablar con sus amigos o con vosotros sobre muertos y tumbas, pero observad su expresión cuando pasa por delante de un cementerio, ¡realmente sentirá pánico! Por todo ello es importante que le habléis a vuestro hijo de la muerte como un hecho natural, sin dramatizar ninguna situación ni aumentar su ansiedad. Alrededor de los ocho años, tened en cuenta que la mayoría de los niños ya la aceptan como un hecho natural, pero mientras eso no ocurra explicadle cuestiones como el ciclo de la vida o lo que consideres conveniente según vuestra propia convicción. Más aún, si vuestro hijo debe enfrentar la muerte de un ser querido, no le contéis historias del tipo "tu abuelo está en aquella estrella" o "desde donde está te vigila para que te portes bien". No solo porque se sentirán abandonados cuando hagan algo que no satisface a sus padres, sino porque creer que alguien los observa "desde el más allá" puede causarle temores de difícil solución y necesitar ayuda profesional.

82 / 100

¿POR QUÉ ALGUNOS NIÑOS TIENEN MIEDO A SER RECHAZADOS POR LA FAMILIA EN ESTA ETAPA?

Entre los seis y los siete años, e incluso ocho, es común que los niños sientan miedo a perder a la familia, a ser excluidos o a no ser queridos del mismo modo que a otros integrantes, y por más que quieran a su madre, su padre, sus hermanos, sus abuelos y hasta sus mascotas, ellos estarán pendientes de la imagen que la familia les devuelve. Lógicamente, la atención excesiva respecto de las reacciones de los demás puede hacerles aferrar continuamente a las conductas que le dieron seguridad en el pasado, y dar demasiados pasos para atrás, si se han vuelto muy pendientes de aprobación. Entonces los niños vuelven a mojar la cama, a chuparse el dedo o bien a tener comportamientos similares a los que tenían a los dos años. En esta etapa es importante pues devolverles una imagen de aceptación a pesar de sus errores, de cariño y contención familiar. Obviamente, un niño que crea que no es tenido en cuenta no dirá "siento que me rechazas", pero probablemente diga demasiado a menudo "no me quieres"; tienda a encerrarse en su habitación hasta la hora de comer o hasta que uno de los padres lo trate con especial interés. Y es que se trata de una etapa en la que los niños llevan a cabo todo cuanto han aprendido en etapas anteriores, y no solo son más competitivos en el colegio, también lo son con la familia y los hermanos. Esto hace que a veces lleguen a extralimitarse en su comportamiento o que corran riesgos para los que no están preparados.

83 / 100

¿CÓMO PREPARAR A LOS HIJOS CUANDO LOS PADRES SE VAN A SEPARAR?

Para cualquier niño no existe una relación más importante y significativa que la que tiene con sus padres. La familia para un niño es un refugio contra un mundo sorprendente e incontrolable; un lugar donde descubre su identidad, pero también un espacio donde los costes emocionales son mayores cuando se produce algún desequilibrio. Son los padres los que reflejan quién es en verdad. Solo hay que recordar cómo desde el primer instante de vida de vuestro hijo ha habido entre vosotros una forma especial y única de interaccionar, de relacionaros, según determinadas pautas de conducta, necesidades y funciones. Las parejas con hijos que por un motivo u otro deciden separarse lo peor que pueden hacer es poner al hijo en medio de las disputas, y hacerlo partícipe de los conflictos de los adultos, como problemas de relación, de dinero, pugnas por la custodia, cuotas de manutención, días de visita, luchas de poder por el cariño de los hijos, reproches, opiniones de personas ajenas a la familia, dejando a los niños "para después", cuando todo vuelva a estar en orden. Por el contrario, al dar prioridad sobre cómo impacta emocionalmente en el hijo la separación, evitando el alejamiento de uno de sus padres en su vida, y basando la relación en los buenos tratos, el impacto es, sin duda, menor. Y es que separarse de la pareja no implica no estar dispuestos a ayudar a los hijos a expresar sus dudas, sentimientos de abandono, desesperación, incertidumbre, rabia o soledad independientemente del estado emocional de los adultos, porque esto es no empañar la dimensión como padres, y también un modo de aliviar el miedo a no ser querido o rechazado en un futuro.

84 / 100

¿POR QUÉ A PARTIR DE LOS SIETE AÑOS SON TAN IMPORTANTES LOS AMIGOS?

Porque entran en una fase de crecimiento en que para construir otros aspectos de su identidad necesitan prestar su atención en mayor medida a personas que no son de su familia, y están celosos de su intimidad… Aparece la figura del mejor amigo o amiga con quien se mantiene una relación exclusiva e intensa de la que casi nunca tienen garantías de continuar, excepto que cada uno ponga mucho de su parte, es su cometido principal en esta etapa. Algunos padres no comprenden la importancia de la amistad en esta etapa y creen que de repente el niño no se interesa por la familia. Lógicamente no es esto lo que ocurre. En esta etapa tanto los niños como las niñas experimentan fuertes sentimientos hacia "el amigo" o "la amiga" y la razón principal es que no se trata de una relación "porque sí" como cuando tenían cinco o seis años, sino que está descubriendo lo que puede ser capaz de hacer por alguien que le interesa. En esta etapa puede haber más roces con los padres si siente que su amigo no es aceptado, como si se le rechazara a él o a ella. "El amigo" o "la amiga" es, tanto para él como para ella, un reflejo de sí mismo, con el que descubren que pueden mantener lazos estrechos. Es una etapa en que se niegan a dar un beso a los padres en público o se ruborizan fácilmente si se habla de ellos con otras personas, también aumenta la necesidad de estar solos, encerrarse en su habitación para leer o escuchar música. Paralelamente suele haber también una sensibilidad social extrema frente a los eventos trágicos que ocurren en el mundo y que la información les acerca a través de los medios de comunicación.

85 / 100

¿EN QUÉ CONSISTE LA ANGUSTIA DE LOS NUEVE AÑOS?

Alrededor de los nueve años tanto las niñas como los niños experimentan sentimientos y emociones contradictorias, y necesitan recibir apoyo, estímulos y elogios para llevar a cabo sus muchos proyectos. Pero, ¿qué ocurre cuando algo no les sale como lo habían planeado? Sin duda, muchas madres y padres habrán experimentado que son puestos en el objetivo de los hijos para culpabilizarles con facilidad de lo que a ellos les sucede. Esto se debe a que atraviesan un período de gran angustia que no pueden controlar (como cuando tenían ocho meses). Esto se debe a que se dan cuenta de que existen infinitas posibilidades en el mundo exterior, y si quieren conseguir algo que escapa a la órbita familiar, ahora todo depende de su esfuerzo más que de aquello que le puedan proporcionar sus padres. Es evidente que esto les hace estar más tensos e inseguros y que por tanto el enfrentamiento con la familia puede agudizarse. Es por ello que en esta etapa, como además comienzan a hacer su aparición los primeros problemas morales, los remordimientos, las cuestiones inconfesables, como malos comportamientos en la escuela o de índole sexual, la sensación de sentirse culpables por todo también es muy evidente, lo cual los hace estar más retraídos. Las reacciones habituales en esta etapa por parte de los niños, aunque parezca sorprendente, serán no obedecer a sus padres o a otros adultos, como sus profesores, incluso cuando saben que tendrán por ello una reprimenda más seria. Pueden tener rabietas frecuentes, comportarse de un modo agresivo y mostrar conductas destructivas. Esto puede involucrar daño a la propiedad privada, por lo que necesitan mayor firmeza ante los límites. Algunos niños en esta etapa además parecen estar siempre en un estado de confusión y, cuando se los llama para que salgan de ese estado, se muestran ofendidos.

86 / 100

¿CUÁL ES EL PAPEL DE LOS PADRES FRENTE A LA ANGUSTIA DE LOS NUEVE AÑOS?

La visión más realista del mundo es justamente lo que los excita, los ilusiona por la diversidad de cosas que pueden hacer, pero también les abruma. Los padres con niños de nueve años por esta razón deberían tener en cuenta que si la comunicación ha sido positiva todo irá bien, pero si no ha sido así, si el niño ha afrontado mal sus cambios y se ha sentido culpabilizado, inferior o si ha vivido creyendo que el mundo es un sitio peligroso, su angustia se verá agravada a tal extremo que imaginará no ser capaz de defenderse de *todo lo que existe* en el mundo y de lo cual parece haber tomado consciencia recién ahora. Una clave en este sentido es comenzar a mostrarle al niño el sentido relativo de las cosas, ya que este suele ser el mejor antídoto que pare su angustia. Por ejemplo, si tu hijo teme que le suceda algo malo si pasa unos días fuera de su ambiente familiar, como irse de excursión con el colegio, hay que hacerle ver que los accidentes naturales solo afectan a una porción mínima de la humanidad. Alrededor de los diez años, cuando lentamente avancen hacia la adolescencia, nuevamente habrá que hacer algunos ajustes para que la euforia no les hagan saltar barreras y actúen desde el extremo opuesto, es decir, tratando a sus padres como si los peligros fueran pura invención de estos, cosa que además harán con aires de superioridad.

87 / 100

¿POR QUÉ PERDER LOS PONE ANSIOSOS EN ESTA ETAPA?

Porque las experiencias sociales empiezan a ser valoradas por ellos en término de triunfo, neutralidad o derrota. Para un niño o una niña en esta etapa es lógico que desee sentirse aceptado y valorado por sus amigos, y vivan las peleas como una derrota personal. De ahí que haya que enseñarles a resolver conflictos, y no solo a negociar, compartir y cooperar, sino a vivir estas experiencias como oportunidades de aprendizaje, con espíritu positivo, independientemente de los resultados. En esta etapa en que ponen a prueba sus aptitudes necesitará tener patrones claros sobre cómo desenvolverse ante a personas de su misma edad y muy diferentes entre sí, lo que le ayudará a saber hasta dónde llegan sus posibilidades sociales. He aquí una de las mayores ventajas de la disciplina. Cuando el niño se da cuenta de que solo es una parte dentro del conjunto social, la familia vuelve a ser un punto de referencia importante. Los diferentes roles que asuma en el mundo exterior le posibilitan no solo ver que las reglas son variadas dependiendo de la posición que se ocupe, sino que este aprendizaje también lo realiza permanentemente en el hogar. Aprenderá a ponerse en el lugar del otro cuando hay un conflicto, a buscar soluciones en lugar de generar situaciones de tensión, a ser medianamente consecuente y a no juzgar a priori… Y todo ello porque ha ampliado sus relaciones y se ha afianzado en un grupo. Si el padre o la madre exageran, ven sus desaciertos sociales como fracasos, y cometen el error de recordarle lo enfadada que estaba el día anterior y pronuncian comentarios dogmáticos del tipo "no tienes palabra", "así nunca tendrás amigos", "a ver si les enseñas de una vez quién manda...", opiniones típicas de adultos sin sentido común, solo lograrán tener un hijo sin amigos elegidos por él y con un niño interior debilitado para empezar de nuevo cuando algo no salga como esperba.

88 / 100

¿POR QUÉ SE DICE QUE LOS DIEZ AÑOS ES UNA VIDA ENTRE DOS MUNDOS?

Alrededor de los diez años los niños comienzan a vivir nuevamente entre dos mundos: el anhelo de la infancia y el de la proximidad a la adolescencia. Un tránsito de una etapa a otra en ocasiones suele repercutir notablemente en su mundo de relaciones, ya que experimentan nuevas emociones y nuevos cambios físicos, lo que les dificulta encontrar un término medio y, por esa razón, reaccionan como si fueran más pequeños o más adultos de lo que en verdad son. Alrededor de los once años en las niñas y de los doce a los trece y medio en el varón se produce además una importante aceleración del crecimiento. Aparece cierta desarmonía corporal (primero crecen la piernas y los brazos, luego el tronco…) que generalmente está acompañada de cierta torpeza lógica en los movimientos y no es de extrañar verlos agotados, confusos después de un esfuerzo mental y que tengan más ganas de dormir y de descansar que de costumbre. Por otra parte, es esta la edad en que se produce una importante maduración de los órganos reproductores y, desde el punto de vista intelectual, el pensamiento concreto da paso a una mayor capacidad para el pensamiento abstracto. Todos estos cambios son los que, en ocasiones, les impiden conducirse con equilibrio y espontáneamente ya que pierden fácilmente la noción de quienes son. No quieren ser niños, pero tampoco son adultos, con lo que a menudo pueden llegar a comportarse de un modo ambivalente, como si vivieran entre dos mundos muy distanciados. Es por ello que dedicarán mucho tiempo a encontrar puntos de referencia para reorganizar lo que les sucede internamente. También pueden hacer cosas que impliquen trasgredir normas para ver qué pasa, como estudiar menos en la escuela, probar el primer cigarrillo, hablar con amigos por teléfono durante horas mientras están solos, escaparse de una asignatura en el colegio, traer a personas que recién conocen a casa cuando los padres se han ido, o montar una fiesta… En fin, todo lo que implica demostrar ante el mundo que son fuertes, valientes y decididos y, por supuesto, "adultos".

89 / 100

¿CASTIGARLOS O MOSTRARLES UN MUNDO MÁS AMPLIO?

No hace mucho una niña de once años me contó que sus padres la castigaron sin ver a sus amigas y sin televisión durante dos semanas. Dentro de todo no estaba mal como idea, no se trataba de un castigo físico ni de un castigo en el que su autoestima fuera dañada. Incluso habría dado buenos resultados si no fuera porque la niña no sabía qué había hecho mal. Cuando entrevisté a los padres, estos me dijeron que no estaban dispuestos a seguir soportando su insolencia y su falta de educación con ellos. También añadieron a la lista el maltrato que la niña infligía a su hermano menor. "Entonces…", les dije, "es como si la castigarais por todo lo que lleva haciendo mal desde hace un tiempo". "Sí, más o menos eso", dijeron los padres.

Sin duda, lo ideal hubiera sido enseñar paso a paso a esta niña a corregir sus errores y no aplicar el sistema global, como hacen muchos padres cuando "ya no pueden más": y proporcionan un escarmiento a los hijos por más de un motivo. Este tipo de castigos "por todo" generalmente no da ningún resultado y mucho menos si a eso se suma privar a los hijos del contacto con otras personas. Los errores de los niños suelen revertirse mucho más de prisa si se les enseña a hacer cosas por el bien común de la familia o a reparar lo que han hecho mal. Y es que los padres deberían tener en cuenta que la pubertad es una época en la que los niños a veces se portan mal por el simple placer de hacerlo. Ellos se sienten inseguros porque empiezan a definir su posición en la familia, en la pandilla y en la comunidad mientras sostienen verdaderas luchas internas cuando de lo que se trata es de saber qué sienten. Pensad que vuestro hijo ha pasado más años siendo oyente que emisor, así que dadle la oportunidad de compartir sentimientos e ideas por más que os parezcan descabelladas. A él tanto como a ella lo que menos le interesa es que le queráis hacer creer que la vida es siempre fácil y justa. Este tipo de mitos (común a muchos padres) hace que a esta edad se frustren ya que la visión idílica que tenían en las fases anteriores ha dado paso a una visión más realista y, por lo tanto, se sentirán incomprendidos. Cuando habléis con vuestro hijo, hacedlo con amor, compasión, sensibilidad y comprensión, ¡eso es lo único que le demostrará que realmente pueden ser felices! Y contadle lo que pasa en otras culturas, en otros países, habladle del sentido de la vida o del ciclo de la vida si es pequeño, para que aprenda a responsabilizarse de su propio bienestar. Enseñadle a resolver conflictos y a comprender sus necesidades. Por ejemplo, buscad oportunidades en las que vuestro hijo pueda ensayar sus habilidades, por ejemplo, dialogando sobre el impacto emocional que pudo haber experimentado respecto de las decisiones que ha tomado en la última semana, y animadlo a ser honesto.

90 / 100

¿CÓMO AYUDARLOS ANTE LOS DESENGAÑOS DE AMIGOS?

En general, es positivo permitir desengaños. Ya se ha dicho que permitir que vivan las propias experiencias sociales implica ante todo no sobreproteger. Una de las razones es que cometer errores es el único ejercicio seguro para aprender a tolerar la frustración; otra es que de ese modo los niños descubren hasta dónde sus decisiones son importantes. Por esa razón, cuando un niño se siente abatido tras haber cometido un error del que es consciente, hay que ayudarlo a expresar sus sentimientos. Por ejemplo, el padre o la madre le pueden sugerir al niño que *escriba* los pensamientos que le hacen sufrir. Se trata no solo de un modo de ayudarlo a liberar tensiones, sino de averiguar cómo está aprendiendo a definirse.

Otra forma de ayudarlo a liberar tensiones es hablar con él acerca de cosas que le gustaría cambiar. La mayoría de los niños no suelen decir qué cosas les desagradan de su familia si no se les pregunta directamente, pero se les puede sugerir que las escriban en un papel. Una vez conocí a un niño que escribió "mamá empezó otra vez a trabajar y odio quedarme con la abuela". Obviamente lo que vuestro hijo os cuente durante el juego nunca será para darle después un sermón o juzgarlo por ello. Recordad que se trata de una forma de saber qué piensa al mismo tiempo que intentaréis, dentro de vuestras posibilidades, cambiar una situación desfavorable por otra mejor.

91 / 100

¿QUÉ SIGNIFICA ALERTARLES DE LOS PELIGROS SIN ALARMARLES?

A medida que los hijos crecen necesitan sentir que el mundo es un sitio seguro para desarrollar sus capacidades y tener experiencias sociales que les ayuden a descubrir sus habilidades y carencias. La mayoría de los padres saben, sin embargo, que es necesario prepararlos para afrontar ciertas situaciones complejas con las que se pueden encontrar. Es decir, cómo educarlos en la autoprotección sin inhibir su necesidad de independencia, cómo hablar con los hijos sobre el respeto a su cuerpo por parte de personas tanto desconocidas como conocidas o los peligros de la calle. Evidentemente, antes de pensar qué decir y cómo hay que considerar si se tiene con los hijos una comunicación tan fluida como para que entiendan que hay situaciones en que su integridad puede estar expuesta a situaciones de peligro, sin darles la idea de que en el entorno en que viven es por ello peligroso. Se trata pues de hablar con claridad y acorde a la edad. Los hijos pueden encontrarse con peligros incluso entre personas en las que confían o de quienes nunca se les pasaría por la mente sospechar, así que hay que hablar con ellos de temas que parecen difíciles, como qué es el abuso o el rapto, cuando son llevados con engaños o la necesidad de no mostrarse tan confiados con desconocidos incluso cuando son adolescentes. Ello no es fácil, pero sin duda hay que darles pautas de cómo actuar para que sepan cómo reaccionar y defenderse.

92 / 100

¿CÓMO ALERTARLES DE SITUACIONES PELIGROSAS SEGÚN LAS DIFERENTES EDADES?

Alrededor de los cuatro años es importante enseñar a los niños para que no acepten regalos de desconocidos, ni dulces ni nada si sus padres no están presentes, y que no vayan con nadie que les diga que sus padres les envían. También es importante que el niño observe hasta qué punto se muestra excesivamente confiado con personas que no conoce, y enseñarle a mantenerse a dos brazos de distancia aproximadamente. A veces, hay que repetirles que "desconocidos" son personas que no conocen, y que "no saben cómo son o cómo piensan". Lo ideal es transmitirles que cada día verán muchos desconocidos en su vida, que no se trata de sentir miedo, sino que hay que seguir ciertas reglas de seguridad, en especial cuando están solos, por ejemplo, jugando en el jardín. Si un desconocido se acerca, que caminen hacia atrás para mantener la misma distancia. Es probable que esta persona sepa su nombre, porque lo haya escuchado, pero eso no quiere decir que te conozca. "Si te da miedo y viene de frente, da cuatro pasos hacia atrás y corre. Haz cualquier cosa que pueda llamar la atención de otras personas." Explícale adecuando tu lenguaje a su comprensión que cuando uno tiene un problema así otros adultos no pueden ayudar si no le llamas la atención y pides ayuda. No te expongas a quedar atrapado por dejar de seguir una o más de estas reglas porque entonces te encontrarás en una situación difícil.

Otro aspecto importante para que aprendan el autorrespeto en esta etapa es que los padres respeten el modo cómo nombrar los genitales del hijo o la hija, y que no usen palabras "divertidas" para designar el pene o la vulva. Llamar a las partes del cuerpo por su nombre desde que son pequeños les enseña el respeto por el cuerpo y prepara al niño para que tanto personas conocidas como desconocidas no toquen su cuerpo o sus genitales como si se tratara de un juego. A partir de los cinco años hay que insistir en que "ningún juego con su cuerpo y otra persona es secreto". A los niños de esta edad les atraen los juegos que tienen una cuota de secretismo. A partir de los seis años ya se puede hablar de qué es el abuso infantil, por ejemplo, se les puede explicar que ningún familiar ni amigo de la familia ni nadie tiene derecho a hacerle una foto cuando está desnudo, y dejarles claro que pueden pedir ayuda cuando se sienten asustados o incómodos si alguien quiere tocar sus genitales. También en esta etapa puede ser necesario insistir en que no tiene por qué ir a ningún sitio con personas que no conoce, y por supuesto: enseñadle el límite entre lo que es juego y lo que no lo es.

93 / 100

¿POR QUÉ ALGUNOS NIÑOS EN ESTA ETAPA SE SIENTEN SOLOS?

A veces puede ser que los niños a estas edades se sientan solos porque se han apartado del grupo, porque se ha ido de vacaciones su mejor amigo, han cambiado de colegio, o porque la familia se ha mudado de casa. Se trata de situaciones difíciles de asimilar que unidas a los cambios físicos, psicológicos y emocionales que experimentan los hacen sentir diferentes e incomprendidos. Por esa razón, cuando un niño se aísla no significa que se comporte así porque está demasiado consentido, demasiado malcriado o porque no desea asumir responsabilidades. Todo esto, si bien puede tener algo de cierto, no es la clave del problema. La clave está en que ni ellos saben qué les ocurre. Digamos que en los primeros dos años de vida aprendió a confiar en papá y mamá; a los tres años aproximadamente se adaptó a su nueva imagen de persona autónoma y aprendió a hacer uso de su voluntad; alrededor de los cuatro años, se dio cuenta de que tenía una identidad diferente de la del resto de las personas y utilizó esa conquista para llevar a cabo sus propios proyectos; y de ahí hasta los siete descubrió que podía ser una persona industriosa; ahora su lucha consistirá en descubrir su verdadera identidad capitalizando todo lo aprendido en función del grupo de amigos... y, esta vez, puede ser que no le resulte tan fácil. Evidentemente, la necesidad de soledad de los niños en esta etapa, aunque es mal vista por los padres, suele estar más relacionada con la fragilidad y la inestabilidad. Se trata en la mayoría de los casos de un separarse un poco del mundo para reencontrar el propio equilibrio interior. La única medicina que los padres pueden aplicar en estos casos es respetarle esos momentos y demostrarle que es una persona sociable, aceptada y querida. A veces tampoco está de más explicarle que su organismo tanto como su mente y sus emociones están madurando y que, a menudo, es necesario apartarse de los estímulos del mundo exterior para descubrir qué quiere y qué desea. Y es que, cuando los padres lo aceptan, el niño comprende que ese "no saber qué quiere" no es algo que solo le pasa a él.

94 / 100

¿EN QUÉ CONSISTE TENER UNA COMUNICACIÓN ASERTIVA CON LOS HIJOS?

La comunicación con los hijos necesita ser reajustada a medida que estos crecen. Por ejemplo, puede entenderse una comunicación de autoridad que no sea más que una comunicación parental negativa, por ejemplo, la que oscila entre la agresión y la pasividad o la indiferencia, mientras que una conducta asertiva es la que promueve cambios en el hijo sin agredir ni ser agredido. Los padres que utilizan una comunicación agresiva dan órdenes e invaden el terreno del hijo sin escrúpulos, sienten que tienen derecho a todo: los padres que llevan a cabo una actitud y una comunicación pasiva, por el contrario, dejan hacer, se sienten fácilmente molestos con el hijo y no muestran interés ni por su felicidad ni por sus aprendizajes. Los padres asertivos exponen sus ideas y los derechos de cada uno sin agredir ni ser agredidos. Desarrollan la capacidad para expresar sentimientos o deseos positivos y negativos de una forma eficaz sin negar o desconsiderar los de los demás y sin crear o sentir vergüenza. Se comunican y enseñan a comunicarse sin defenderse sin agresión o pasividad frente a conductas poco cooperadoras o razonables de los demás. Para la persona asertiva los demás tienen que reconocer también cuáles son sus responsabilidades en esa situación y qué consecuencias tienen sus actos. Los padres asertivos usan con los hijos frases que promuevan la comunicación, como:

– A ver si lo he comprendido…

– Me agradaría que me explicaras…

– Considero que deberíamos aclarar…

- Tal vez sería conveniente que explicaras…
- Encuentro que es interesante que digas…
- Posiblemente una opción sería…
- Imagino que además de eso tienes propuestas para…
- Creo que el tema no te he causado la impresión que deseaba, pero…

95 / 100

¿CUÁLES SON LAS PAUTAS DE COMPORTAMIENTO PARENTAL ASERTIVO?

Sin duda, los padres asertivos tienen al menos la mitad de las siguientes características:

1. Les demuestran a los demás que pueden ponerse en su lugar comprendiendo y entendiendo sus ideas.
2. Le demuestran que pueden ponerse en su lugar comprendiendo sus sentimientos.
3. Escuchan activamente los problemas que preocupan al hijo.
4. Ayudan al hijo a tener un buen concepto de sí mismo.
5. Planifican los mensajes acordes a la edad del hijo.
6. No arrinconan para lograr que obedezcan.
7. Aceptan que el hijo piense de un modo diferente.
8. Desarrollan habilidades necesarias para iniciar, mantener y finalizar conversaciones.
9. Aprenden a expresar las opiniones y peticiones de forma asertiva y a negarse a aquello que no se desea realizar.
10. Aprenden a hacer críticas y a aceptarlas.
11. Desarrollan la capacidad para expresar y recibir valoraciones.
12. Controlan el estrés en la conversación.
13. No critican ni condenan ni se quejan del modo de ser del hijo.
14. Reconocen que la mejor forma de despertar el entusiasmo ajeno es mediante el aprecio y el aliento.
15. Demuestran respeto por las opiniones ajenas.
16. Para ser comprendidos saben apelar a motivos más nobles.
17. Captan y empatizan con los sentimientos e ideas del hijo.

18. Colaboran con los procesos de aprendizaje de asertividad del hijo.
19. Aplican reglas y estrategias para que se cumplan.

96 / 100

¿CÓMO ACTÚAN LAS PERSONAS ASERTIVAS QUE NO SON DE LA FAMILIA EN RELACIÓN A LOS NIÑOS?

Se caracterizan por tener muy claro dónde finalizan sus derechos y comienzan los de los niños, y confían en su experiencia y en la capacidad de los niños para aprender y mejorar aquellas actitudes que aún necesitan mejorar. Otro aspecto interesante es que ayudan, por lo general, a que los niños confíen en sus propias habilidades y en sus fuerzas. Escuchan a los niños cuando se sienten derrotados o no ven una salida a los problemas que les superan. En ningún caso chantajean a los niños para que les obedezcan o hagan su voluntad. Aceptan que:

- Todos los niños tienen derecho a ser respetados.
- Todos los niños tienen derecho a pedir ayuda —no a exigirla—, y a negarse a prestar ayuda a las demás personas.
- Todos los niños tienen derecho a sentir emociones —miedo, ira, tristeza, ansiedad…— y a expresarlas sin herir los sentimientos de los demás.
- Todos los niños tienen derecho a tener su propia opinión sobre cualquier tema o circunstancia, y a expresarla sin ofender intencionadamente a las demás personas.
- Todos los niños tienen derecho a equivocarse en sus actitudes, opiniones y comportamientos.
- Todos los niños tienen derecho a la no discriminación.

- Todos los niños tienen derecho a que se mire su interés antes que nada, ante cualquier decisión, ley o política que pueda afectar a la infancia.

- Todos los niños tienen derecho a la vida, la supervivencia y el desarrollo: todos los niños y niñas tienen derecho a vivir y a tener un desarrollo adecuado.

- Todos los niños tienen derecho a ser consultados sobre las situaciones que les afecten y a que sus opiniones sean tenidas en cuenta.

97 / 100

¿CUÁNDO HAY QUE EMPEZAR A HABLAR DE SEXUALIDAD CON LOS HIJOS?

A partir de los siete años es imprescindible hablar con los hijos de los cambios corporales como parte de un proceso mayor. Alrededor de esta etapa, los hijos preguntan cómo se hacen los bebés. Hay que explicarlo con claridad, empezando por explicarles que el cuerpo cambia a medida que crece, incluso pueden observar mirando fotos de cuando eran bebés que también su cuerpo ha cambiado, ya no tienen las formas redondeadas de la primera infancia, pues del mismo modo cuando sean mayores su cuerpo estará preparado para enamorarse y ser padres. Es importante hablar aquí de sentimientos. El acto sexual debe ser explicado como un paso más del crecimiento. Hay libros interesantes en este aspecto con imágenes que ayudan a que los niños vean cómo primero se estilizan, luego crece el vello, los senos, los testículos, se enamoran, y se ve en una imagen (en corte transversal) el acto sexual, para pasar luego a cómo crece el bebé en la barriga de la madre hasta que nace. Entre los nueve y los doce años es importante hablar de los cambios corporales. En el caso de los chicos de la primera polución nocturna o la erección, siempre como parte de un proceso natural, las inseguridades y los miedos. Con las chicas, de la menstruación, el embarazo, las emociones, las dudas respecto de cómo se sienten con los cambios. Claro que ante todo habrá que averiguar lo que saben. Los hijos viven en una sociedad donde hay una mayor divulgación de temas relacionados con la sexualidad. Solo basta escuchar a los indiscutibles líderes sexuales de no más de trece años contar sus experiencias "sin preservativo" a otros de once con total desparpajo y con un lenguaje tan propio de un adulto que entre su apariencia de niño-adulto y sus argumentaciones de persona experimentada, respecto de la edad real, hay un abismo.

98 / 100

¿QUÉ HACER CUANDO DESCUBRES QUE ALGÚN AMIGO O COMPAÑERO DAÑA SISTEMÁTICAMENTE A TU HIJO?

El acoso escolar parece haberse expandido como la radioactividad en los últimos años. No obstante, hay muchos aspectos que hoy los padres pueden tener en cuenta para detectarlo a tiempo, barajar soluciones y saber qué hay que hacer en cada situación según la gravedad del caso y la edad del niño. Fundamentalmente, porque hay casos en que la víctima debe ser alejada con urgencia de su acosador, o para que los padres sepan cómo ayudar a los hijos para no caer en las redes del *bullying*. En cualquier caso, para que sea considerado acoso escolar, la violencia ejercida debe ser sistemática, y estar afectando a la víctima. Por otra parte, cuando se piensa en violencia escolar no solo hay que tener presente las burlas, golpes o empujones, que son las manifestaciones más comunes de persecución e intimidación, sino las diversas formas de violencia entremezcladas, la violencia sobre su persona (moral); la exclusión del grupo (social); la que pone en duda sus ideas y creencias (ideológica), además de la violencia psicológica o física, y con la intención de dañar, cuando deja de ser un ritual inofensivo para convertirse en un abuso de poder y en un ejercicio desmesurado de control sobre otro. Y tampoco el acoso queda en el colegio, puede extenderse al barrio o a las redes sociales.

99 / 100

¿QUÉ DEBEMOS VALORAR SI TU HIJO NO QUIERE IR AL COLEGIO Y DICE QUE LE MOLESTAN?

Hay muchos indicios que pueden estar avisándote de que tu hijo es víctima reiteradamente de un compañero de clase. Así que si vuestro hijo dice que no quiere ir al colegio o dice estar enfermo, observa...:

1. Si tiene moretones o lastimaduras en el cuerpo.
2. Si frecuentemente llega con la ropa tironeada a casa.
3. Si comenta que le roban sus cosas o si cada día explica que pierde pertenencias.
4. Si deja de ver a los que decía que eran sus amigos y pasa muchas horas en casa solo.
5. Si manifiesta cambios temperamentales y de humor sin causa aparente.
6. Si evita salir solo de casa, no quiere hacer el trayecto hacia el colegio solo, abandona sin razón actividades que antes le gustaban.
7. Si manifiesta angustia cuando se habla de la escuela, tiene problemas con el estudio, ha bajado las notas o le cuesta concentrarse.
8. Si ha habido cambios en los hábitos de dormir y de comer.
9. Si muestra retraimiento de sus actividades habituales.
10. Si ha perdido interés en juegos, pasatiempos y otras distracciones.
11. Si demuestra un abandono poco usual respecto de su apariencia personal.

12. Si manifiesta cambios pronunciados en su personalidad.

13. Si muestra dificultad para concentrarse más de lo habitual.

14. Si está solo y aislado, sin amigos.

15. Si llega tarde a casa porque hace un camino más largo para no cruzarse con sus acosadores.

16. Si roba dinero u otros objetos a sus padres para llevarlos al colegio para dárselos a su acosador.

17. Si compra material porque se lo destruyen o se lo roban.

18. Si no habla de la escuela con los padres, evita el tema.

19. Si dice que otros le molestan, pero no da nombres por temor.

20. Si reacciona negativamente ante cualquier tema relacionado con sus amigos o la escuela.

21. Si sufre del síndrome del domingo a las 7 de la tarde: dolores de estómago, de cabeza, de piernas... Y la frase: "tal vez mañana no pueda ir al colegio".

100 / 100

¿CÓMO NO FALLAR CASI NUNCA CUANDO EL OBJETIVO ES SER MEJORES PADRES?

Los buenos padres ayudan a que sus hijos sean felices enseñándoles a conquistar lo que necesitan, satisfaciendo sus necesidades emocionales y biopsicosociales. Les dan oportunidades a encontrar lo que es mejor para ellos mismos, a superarse, a expresar lo que son y lo que piensan, a aprender de los errores, y además les ayudan a:

— Facilitar la expresión de los sentimientos por duro que sea; expresar lo que se siente siempre será mejor que manipular, justificar o juzgar a las personas con quienes se convive.

— Evitar las comparaciones entre los hijos porque siempre son negativas, y afrontar los conflictos en el momento que sucedan.

— Nutrir el vínculo de la pareja y con los hijos.

— Responsabilizarse plenamente de las propias acciones, sentimientos y pensamientos.

— Transmitir una forma de vida coherente a los hijos para que no caigan en el error de atribuir a otros lo que es su responsabilidad.

— Aceptarse y aceptar la propia capacidad para cambiar aquello que no es bueno para el grupo familiar.

— Afrontar los sentimientos negativos del grupo familiar, revalidando los sentimientos que sus miembros experimentan, conciliando necesidades y creando espacios para compartir (espacios de diálogo, de juegos, de ocio...).

— Recordar que el vínculo padre-hijo precede a cualquier otra relación posterior.

— Reconocer que los conflictos mejoran si se encuentra la forma de resolverlos entre todos, y colaborar para que la comunicación fluya y que sus miembros crezcan biológica, psíquica y espiritualmente.

— Considerar a cada integrante de familia por lo que es, no por lo que fue o será.

— Permitir a los hijos sentirse a gusto y ser iguales a sí mismos.

Bibliografía

Andrè, C. y Patrich L., *El miedo a los demás*. Ediciones Mensajero. Bilbao, 1997.

Ausebel y Sullivan, *El desarrollo infantil*. Buenos Aires. Paidós, 1980.

Bandura, A., *Aggression: A social learning analysis*. Englewood Cliffs. Nueva Jersey, 1973.

Barudy, J. y Dantagnan, M., *Los buenos tratos a la infancia*. Barcelona. Gedisa Editorial, 2005.

Barudy, J., *El dolor invisible de la infancia. Una lectura ecosistémica del maltrato infantil*. Paidós. Barcelona, 2003.

Bowlby, J.; *El vínculo afectivo*. Paidós. Buenos Aires, 1976.

Covey, S.; *El liderazgo centrado en principios*. Barcelona. Paidós, 2007.

Cyrulnik, B., *Los patitos feos. La resiliencia: una infancia infeliz no determina la vida*. Gedisa. Barcelona, 2005.

Dolto, Françoise, *Las etapas de la infancia*. Paidós. Madrid, 2000.

———. *Los trastornos en la infancia*. Paidós. Madrid, 2001.

———. *¿Tiene el niño derecho a saberlo todo?*. Paidós. Madrid, 1999.

Freud, Anna, *Normalidad y patología de la niñez*. Paidós. Buenos Aires, 1975.

Giberti, Eva (1994), "La familia y los modelos empíricos" en Wainerman, Catalina, *Vivir en familia*. Unicef-Losada. Buenos Aires, 1994.

Nichols, Michael, *El arte perdido de escuchar*. Urano. Barcelona, 1998.

Rodríguez, Nora, *Guerra en las aulas*. Temas de Hoy. Madrid, 2004.

———. *Stop bullying, las mejores estrategias para prevenir y frenar el acoso escolar*. Editorial RBA. Barcelona, 2006.

———. *Educar desde el locutorio*. Editorial Plataforma. Barcelona, 2008.

———. *Hermanos cada quince días*. Editorial RBA. Barcelona, 2007.

———. *¿Hablas de sexo con tu hijo?* Temas de Hoy. Madrid, 2007.

———. *Hermanos cada quince días*. Editorial RBA. Barcelona, 2007.

———. *Madres y malabaristas*. Ediciones Urano. Barcelona, 2010.

———. *Conoce a tu hijo a través de sus dibujos*. Editorial Océano. Barcelona, 2011.

———. *Educar niños y adolescentes en la era digital*. Barcelona. Paidós, 2012.

———. *Neuroeducación para padres*. Ediciones B. Barcelona, 2016.

———. *Atrévete a hablar de sexo con tu hijo*. Ediciones B. Barcelona, 2017.

ROJAS MARCOS, Luis, *La pareja rota, familia, crisis y superación*. Espasa Calpe. Madrid, 1999.

———. *Las semillas de la violencia*. Espasa Calpe. Madrid, 1996.

SPITZER, R., *Formación de conceptos y aprendizaje temprano*. Paidós. Buenos Aires, 1978.

WALLON, Philippe y ENGELART, Dominique, *El dibujo del niño*. Siglo XXI, 1999.

WINNICOTT, R.W., *El niño y el mundo externo*. Hormé. Buenos Aires, 1965.